CM1

MARVEL

SPIDER-MAN

Mon super-cahier
MATHS FRANÇAIS

Natacha Boubault
Professeure
des écoles

hachette
ÉDUCATION

DÉCOUVRIR LE SUPER-CAHIER

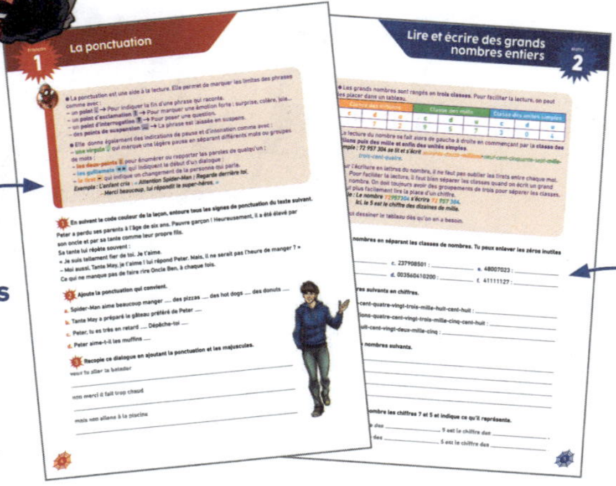

Une leçon de français ou de maths à lire attentivement en prenant son temps.

Des exercices progressifs à découvrir avec votre enfant, qu'il peut ensuite faire en autonomie.

Les corrigés des exercices et des jeux sont tous disponibles à la fin du cahier. Vous pouvez ainsi vérifier les réponses et accompagner votre enfant dans la correction.

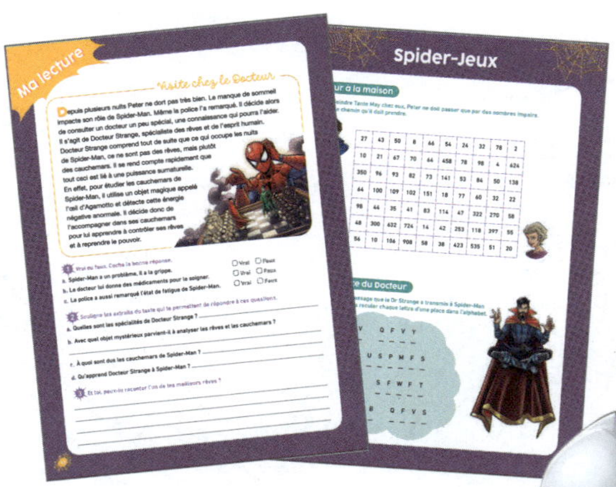

Les pages **Spider-Jeux** et **Ma lecture** constituent des moments de respiration pour votre enfant, sans pour autant délaisser les apprentissages.

Avec les **jeux**, votre enfant mobilise ses compétences acquises de manière ludique. Avec les **histoires**, il pratique la fluence, la compréhension de texte et l'expression écrite grâce aux questions.

Quelques conseils

- Faites répéter la leçon et les consignes à votre enfant avec ses mots.
- Félicitez votre enfant pour ses bonnes réponses.
- Montrez à votre enfant ses erreurs tout en lui expliquant la bonne réponse et en l'encourageant.
- Prêtez une attention particulière à la posture et à l'environnement de travail de votre enfant.
- Appuyez-vous sur l'univers de Spider-Man pour motiver votre enfant et rendre le travail agréable.

ISBN : 978-2-01-726715-7

58, rue Jean Bleuzen, CS 70007, 92178 Vanves Cedex

Police SG STYLO © 4 HEURES
Images hors licence : © Shutterstock

www.parascolaire.hachette-education.com
Dépôt légal : Juillet 2024 – Édition : 01

Couverture
Création graphique et réalisation : Joséphine Cormier
Intérieur
Conception graphique : Joséphine Cormier
Réalisation : Médiamax
Édition : Morgane Boubault, Marie-Lou Copin
Relecture : AKYZ
Achevé d'imprimer en Juin 2024 en Italie par Bona S.p.A.

Sommaire

Français 1

La ponctuation

● La ponctuation est une aide à la lecture. Elle permet de marquer les limites des phrases comme avec :
– un **point .** → Pour indiquer la fin d'une phrase qui raconte.
– un **point d'exclamation !** → Pour marquer une émotion forte : surprise, colère, joie…
– un **point d'interrogation ?** → Pour poser une question.
– des **points de suspension …** → La phrase est laissée en suspens.

● Elle donne également des indications de pause et d'intonation comme avec :
– **une virgule ,** qui marque une légère pause en séparant différents mots ou groupes de mots ;
– **les deux-points :** pour énumérer ou rapporter les paroles de quelqu'un ;
– **les guillemets « »** qui indiquent le début d'un dialogue ;
– **le tiret –** qui indique un changement de la personne qui parle.

Exemple : L'enfant cria : « Attention Spider-Man ! Regarde derrière toi.
– Merci beaucoup, lui répondit le super-héros. »

1 En suivant le code couleur de la leçon, entoure tous les signes de ponctuation du texte suivant.

Peter a perdu ses parents à l'âge de six ans. Pauvre garçon ! Heureusement, il a été élevé par son oncle et par sa tante comme leur propre fils.
Sa tante lui répète souvent :
« Je suis tellement fier de toi. Je t'aime.
– Moi aussi, Tante May, je t'aime ! lui répond Peter. Mais, il ne serait pas l'heure de manger ? »
Ce qui ne manque pas de faire rire Oncle Ben, à chaque fois.

2 Ajoute la ponctuation qui convient.

a. Spider-Man aime beaucoup manger …… des pizzas …… des hot dogs …… des donuts ……

b. Tante May a préparé le gâteau préféré de Peter ……

c. Peter, tu es très en retard …… Dépêche-toi ……

d. Peter aime-t-il les muffins ……

3 Recopie ce dialogue en ajoutant la ponctuation et les majuscules.

veux tu aller te balader

……………………………………………………………………………………………

non merci il fait trop chaud

……………………………………………………………………………………………

mais non allons à la piscine

……………………………………………………………………………………………

Lire et écrire des grands nombres entiers

Maths **2**

- Les grands nombres sont rangés en **trois classes**. Pour faciliter la lecture, on peut les placer dans un tableau.

Classe des millions			Classe des mille			Classe des unités simples		
c	**d**	**u**	**c**	**d**	**u**	**c**	**d**	**u**
	7	2	9	5	7	3	0	4

- La lecture du nombre se fait alors de gauche à droite en commençant par la **classe des millions puis des mille et enfin des unités simples**.

*Exemple : 72 957 304 se lit et s'écrit soixante-douze-**millions**-neuf-cent-cinquante-sept-**mille**-trois-cent-quatre.*

- Pour l'écriture en lettres du nombre, il ne faut pas oublier les tirets entre chaque mot.

⚠ Pour faciliter la lecture, il faut bien séparer les classes quand on écrit un grand nombre. On doit toujours avoir des groupements de trois pour séparer les classes. On peut plus facilement lire la place d'un chiffre.

*Exemple : Le nombre **72957304** s'écrira **72 957 304**.*
Ici, le 5 est le chiffre des dizaines de mille.

- On peut dessiner le tableau dès qu'on en a besoin.

1 **Réécris ces nombres en séparant les classes de nombres. Tu peux enlever les zéros inutiles si besoin.**

a. 8257321 : .... **c.** 237908501 : .... **e.** 48007023 : ....

b. 002536980 : .... **d.** 003560410200 : .... **f.** 41111127 : ....

2 **Écris les nombres suivants en chiffres.**

a. Sept-millions-deux-cent-quatre-vingt-trois-mille-huit-cent-huit : ....

b. Soixante-douze-millions-quatre-cent-vingt-trois-mille-cinq-cent-huit : ....

c. Cent-trois-millions-huit-cent-vingt-deux-mille-cinq : ....

3 **Écris en lettres les nombres suivants.**

a. 25 389 120 : ....

....

b. 100 203 558 : ....

c. 33 205 657 : ....

4 **Entoure dans chaque nombre les chiffres 7 et 5 et indique ce qu'il représente.**

a. 27 534 320 **7 est le chiffre des** ...., **5 est le chiffre des** ....

b. 32 074 250 **7 est le chiffre des** ...., **5 est le chiffre des** ....

Français

3

Les formes et les types de phrase

● Les différentes formes de phrase

– À la **forme affirmative**, la phrase se termine par un point et affirme quelque chose.
Exemple : Il est courageux.

– À la **forme négative**, on utilise une négation composée de deux mots qui encadre le verbe (ne... pas, ne... plus, ne... jamais, ne... rien, ne... personne, ne... aucun, ni... ni).
*Exemple : Il **n'**est **pas** lâche.*

– À la **forme exclamative**, la phrase se termine toujours par un point d'exclamation et elle exprime une émotion ou une réaction forte.
*Exemple : Quel héros incroyable **!***

● Les différents types de phrase

Ces types de phrase peuvent être en même temps à la forme affirmative ou négative et/ou à la forme exclamative.

– La **phrase déclarative** se termine par un point et raconte quelque chose.
*Exemple : **Miles** est courageux**.***

– La **phrase interrogative** se termine par un point d'interrogation et elle pose une question.
*Exemple : Est-il un super-héros **?***

– La **phrase impérative** se termine par un point ou un point d'exclamation. Elle donne un conseil ou un ordre. Le plus souvent elle n'a pas de sujet, car son verbe est à l'impératif.
*Exemple : Sois courageux comme Spider-Man **!***

1 Souligne en bleu les phrases à la forme affirmative, en vert les phrases à la forme exclamative et en rouge les phrases à la forme négative.

Peter n'a pas d'amis. C'est un adolescent solitaire. Sa tante s'inquiète pour lui et répète souvent la même phrase : « Sors un peu plus ! » Mais Peter préfère rester dans sa chambre pour étudier. Il ne sait pas trop comment se faire des amis.

2 Entoure les mots de la négation dans ce texte.

Peter ne comprend pas tout de suite ce qu'il lui arrive. Il ne s'est jamais fait mordre par une araignée. Il ne se sent plus comme avant. Il n'en parle à personne. Mais il n'est ni fatigué, ni malade, bien au contraire, il est dans une forme incroyable et avec de nouveaux pouvoirs.

3 Indique le type et la forme de chacune de ces phrases.

*Exemple : Ne sors pas ce soir ! (**négative** ; **impérative**)*

a. Peter se fabrique un costume. → ....

b. Que va-t-il faire ? → ....

c. Il ne fait pas de bruit pour sortir de chez lui. → ....

d. Il va se battre pour tester ses nouveaux pouvoirs. → ....

e. Fais attention à toi Spider-Man ! → ....

f. Ne sois pas imprudent ! → ....

Décomposer et ranger les nombres entiers

Maths **4**

- Pour comparer deux grands nombres, on commence par comparer la classe des millions, puis la classe des mille et enfin celle des unités.

Exemple 1 : *732 527 208 et 734 123 204 → je compare la classe des millions donc 732 et 734. On peut dire que 732 < 734, donc 732 527 208 < 734 527 208.*

Exemple 2 : *5 327 208 et 5 450 208 → si la classe des millions est identique, je regarde alors la classe des mille. 5 **327** 208 et 5 **450** 208, donc **327** et **450**. On peut dire que **327** < **450**, donc 5 **327** 208 < 5 **450** 208.*

- Les nombres se rangent dans l'**ordre croissant** (du plus petit au plus grand) ou dans l'**ordre décroissant** (du plus grand au plus petit).

- Pour encadrer un nombre, on repère la classe demandée, puis on cherche le nombre immédiatement inférieur et le nombre immédiatement supérieur terminés par un ou plusieurs zéros.

Exemple : *Pour encadrer à la centaine de mille, je repère le chiffre des centaines de mille et j'arrondis en dessous en ajoutant des zéros, puis au-dessus en ajoutant + 1 et les zéros.*
*2 **3**57 240 → le chiffre des centaines de mille est le 3,*
*donc 2 **3**00 000 < 2 357 000 < 2 **4**00 000*

1 **Décompose chaque nombre comme dans l'exemple.**

2 857 321 = (2 × 1 000 000) + (8 × 100 000) + (5 × 10 000) + (7 × 1 000) + (3 × 100) + (2 × 10) + 1

a. 37 008 327 → ....

b. 90 237 548 → ....

c. 6 954 120 → ....

2 **Compare les nombres en écrivant les signes < ou >.**

a. 18 253 457 ..... 14 275 038 **c.** 97 654 120 ..... 191 522 984 **e.** 632 287 324 ..... 800 243 127

b. 327 208 457 ..... 327 504 958 **d.** 69 999 952 ..... 70 000 000 **f.** 7 566 303 ..... 7 566 293

3 **Range les nombres suivants dans l'ordre croissant.**

2 500 327 – 2 437 805 – 45 327 120 – 37 258 951 – 12 678 327 – 12 673 327

....

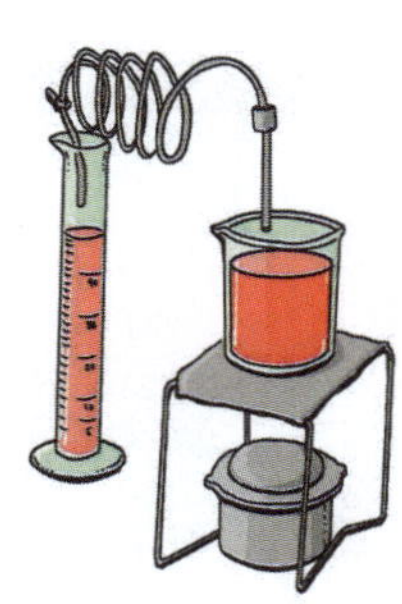

4 **Range les nombres suivants dans l'ordre décroissant.**

54 897 320 – 54 900 421 – 54 893 724 – 53 999 987 – 55 000 000 – 54 897 322

....

5 **Encadre les nombres suivants au millier près.**

a. .... < 9 857 230 < .... **c.** .... < 99 231 804 < ....

b. .... < 35 000 231 < .... **d.** .... < 77 444 333 < ....

Les déterminants

● Les **déterminants** sont des petits mots que l'on place **devant un nom**. Ils donnent des informations sur le **genre** (masculin / féminin) et le **nombre** (singulier / pluriel).

● Les déterminants peuvent être :
– des **articles indéfinis** : un, une, des ;
– des **articles définis** : le, la, l', les ;
– des **articles définis contractés** : au (à + le), aux (à + les), du (de + le), des (de + les) ;
– des **déterminants démonstratifs** qui servent à montrer ou attirer l'attention sur quelqu'un ou quelque chose : ce, cet, cette, ces ;
– des **déterminants possessifs** qui servent à indiquer à quoi ou à qui appartiennent les choses dont on parle : mon, ma, mes, ton, ta, tes, son, sa, ses, notre, nos, votre, vos, leur, leurs.

1 Complète avec les articles qui conviennent.

du · la · une · l' · un · au · les

.... autre soir pendant qu'il se battait, Spider-Man a repéré .... voleur. Il a aperçu .... ombre tourner .... coin de la rue. C'était celle .... voleur. Mais .... silhouette a disparu et Spider-Man a décidé de rentrer chez lui. .... malfrats, ce n'est pas son problème.

2 Choisis le déterminant le plus adapté à la phrase.

Son / **Mon** manque d'implication a coûté la vie à **un** / **son** oncle. En effet, **ce** / **ton** fameux voleur, quelques heures plus tard, s'est introduit dans **la** / **sa** maison. **Une** / **Cette** fois, les choses avaient changé dans **l'** / **le** esprit de Peter. Il allait devenir **notre** / **votre** super-héros et combattre **les** / **ses** malfrats.

3 Classe les déterminants suivants dans le tableau.

ces · mon · la · du · nos · cette

Articles	Déterminants démonstratifs	Déterminants possessifs
....	....	....
....	....	....

4 Dans les phrases suivantes, souligne en bleu les articles, en vert les déterminants démonstratifs et en rouge les déterminants possessifs.

Désormais, tous les soirs, Peter enfilait son costume de super-héros. Il parcourait les rues de la ville à la recherche de ces bandits qui terrorisaient la population. Il testait ainsi ses pouvoirs et se sentait utile en aidant la police. Il voulait rendre hommage à sa famille, son oncle disparu et sa tante qui s'occupait seule de lui maintenant. Notre héros était prêt à sauver les gens.

Les multiples des nombres

- Les **multiples** sont le **résultat d'une multiplication** de deux **nombres entiers**.
  Exemple : 18 est un multiple de 1, 2, 3, 6, 9, 18, car il est le résultat de 1 × 18 ; 2 × 9 ; 3 × 6 ; 6 × 3 ; 9 × 2 et 18 × 1.

- Certains multiples sont faciles à identifier. Voici un tableau récapitulatif.

Les multiples de 2	Ce sont des **chiffres pairs**. Le chiffre des **unités** est donc **0, 2, 4, 6 ou 8**. *Exemple : 2**4**, 3**6**, 12**8**, etc.*
Les multiples de 3	Ce sont des nombres dont la **somme des chiffres est un multiple de 3**. *Exemple : 423 est un multiple de 3, car 4 + 2 + 3 = **9** (multiple de 3, car 3 × 3 = **9**).*
Les multiples de 5	Ce sont tous les nombres dont le **chiffre des unités est 0 ou 5**. *Exemple : 20, 35, 580, 1 965, etc.*
Les multiples de 6	Ce sont les nombres pairs dont la **somme des chiffres est un nombre qui appartient à la table de 3**. *Exemple : 870, car 8 + 7 = 15 qui est un multiple de 3, car 3 × 5 = 15.*
Les multiples de 9	Ce sont les nombres dont la **somme des chiffres est un multiple de 9**. *Exemple : 1 998, car 1 + 9 + 9 + 8 = 27 qui est un multiple de 9, car 9 × 3 = 27*
Les multiples de 10	Ce sont tous les nombres qui **se terminent par un zéro**. *Exemple : 120, 532 640, 1 050, etc.*

1 **Vrai ou faux. Coche la bonne réponse.**

a. **15** est un multiple de **5**. ◯ Vrai ◯ Faux
b. **15** est un multiple de **3**. ◯ Vrai ◯ Faux
c. **325** est un multiple de **10**. ◯ Vrai ◯ Faux
d. **28** est un multiple de **6**. ◯ Vrai ◯ Faux
e. **238** est un multiple de **2**. ◯ Vrai ◯ Faux

2 **Entoure dans la liste tous les multiples du nombre indiqué.**

a. Les multiples de 2 :
27 – 46 – 132 – 560 – 8 955 – 9 898

b. Les multiples de 5 :
125 – 300 – 402 – 5 003 – 8 505 – 9 000

c. Les multiples de 9 :
36 – 54 – 882 – 1 709 – 22 905

d. Les multiples de 10 :
345 – 5 000 – 2 650 – 44 002 – 98 770

3 **Complète les nombres pour qu'ils soient des multiples des chiffres en gras.**

a. 2 → 6..... ou 6..... ou 6..... ou 6..... ou 6.....
b. 3 → 3..... ou 3..... ou 3..... ou 3.....
c. 5 → 9..... ou 9..... ou 7..... ou 7.....
d. 6 → 1..... ou 1..... ou 2..... ou 3.....
e. 9 → 1..... ou 4..... ou 6..... ou 7.....
f. 10 → 2..... ou 2..... ou 5..... ou 5.....

Français

7

Les noms

● Les noms communs

Les **noms communs** peuvent désigner une **chose**, un **animal**, une **personne**, un **lieu** ou une **idée**.
Ils sont souvent **précédés d'un déterminant**.
*Exemples : un **chat**, cette **boulangerie**, son **remède**.*

● Les noms propres

Les **noms propres** commencent toujours par une **majuscule**. Ils désignent le **nom d'une personne** (ou son prénom), d'un **animal**, d'un **lieu** (comme un pays, une ville, un village) en particulier. Ils sont **plus rarement précédés d'un déterminant**.
*Exemples : le méchant **Mysterio**, la **France**, **Paris**.*

1 **Fais une croix dans la bonne case pour indiquer ce que désignent ces noms communs.**

	Un lieu	Une personne	Une chose	Un animal
Le musée				
Son oncle				
Un lézard				
Une voiture				
Le venin				
Le lycée				

2 **Classe les noms suivants dans le tableau.**

Spider-Man araignée voleur Amérique hamburger New York

Noms propres	Noms communs
....	....
....	....
....	....

3 **Souligne en bleu les noms communs et en vert les noms propres dans ce texte.**

Spider-Man est un super-héros. Il est né aux États-Unis. Il a sauvé de nombreuses personnes en se battant contre les méchants. Il est connu dans le monde entier, de l'Asie à l'Europe en passant par l'Océanie et l'Afrique. C'est un personnage très populaire. Les gens lisent ses aventures depuis plusieurs générations.

Additionner et soustraire des nombres entiers

● Additionner des nombres entiers
L'**addition** permet d'**ajouter** des éléments à une collection, de **réunir** des collections ou d'**avancer** sur une droite ou un repère. **Pour calculer en colonne, il faut bien aligner les chiffres** de même classe. **Le résultat** d'une addition s'appelle **la somme**.

	D	U
	①	
	3	7
+	1	5
	5	2

● Soustraire des nombres entiers
La **soustraction** permet de calculer **l'écart** entre deux collections, de chercher **ce qui a été enlevé ou ce qui reste**, de chercher **ce qui manque ou le complément** et de **reculer** sur une droite ou un repère. **Le résultat** d'une soustraction s'appelle **la différence**.

● Voici comment poser une soustraction.
– Ce n'est pas possible de soustraire les unités 1 – 8, donc on note **une dizaine** supplémentaire ① et on la casse en dix unités 10 + 1 = 11, on fait donc 11 – 8 = 3.
– On n'oublie pas de **retirer la dizaine supplémentaire créée** ① **+ 3 = 4**. On a donc 4 dizaines à retirer.
– On soustrait donc les dizaines 5 – 4 = 1.
– On soustrait les centaines 3 – 1 = 2.

	C	D	U
	3	5	①1
–	1	(+1)3	8
	2	1	3

1 **Effectue les opérations suivantes.**

	3	2	7
+	4	7	8

	5	8	7
–	2	3	6

	6	5	3
–	2	3	7

2 **Pose et effectue les opérations.**

a. 1 689 + 565 + 232

b. 942 – 378

3 **Tu collectionnes les objets avec ton héros préféré, Spider-Man. Tu aimerais en avoir 850 pour dépasser ton meilleur ami. Aujourd'hui, tu en as déjà 627. Combien t'en manque-t-il pour en avoir 850 ?**

• **Calcul :** ....

• **Phrase de réponse :** ....

Ma lecture

Retrouvailles avec Mysterio

Ce matin, Peter se rend au journal où il travaille avec son costume de Spider-Man, car il est en retard. En arrivant, il entend une explosion retentir.
Vite, il entre dans l'immeuble.
Des fumées vertes et violettes envahissent les locaux. La voix étrange d'une personne en colère se fait entendre à travers la porte. Spider-Man connaît cette voix ! C'est celle de son terrible ennemi Mysterio, aussi connu sous le surnom de maître de l'illusion.
C'est un génie de la dissimulation. Il peut prendre l'apparence de n'importe qui sans que personne ne s'en rende compte.
Les fumées s'estompent et Spider-Man le voit apparaître devant lui. Il porte son costume : une combinaison verte, une cape violette et un casque semblable à celui des astronautes, mais le sien est opaque pour cacher son vrai visage.
Il tient en otage le patron du journal.

→ Suite p. 30

1 Vrai ou faux. Coche la bonne réponse.

a. Spider-Man rencontre Mysterio pour la première fois. ◯ Vrai ◯ Faux
b. Peter est en retard au travail. ◯ Vrai ◯ Faux
c. Mysterio est très calme. ◯ Vrai ◯ Faux

2 Souligne les extraits du texte qui te permettent de répondre à ces questions.

a. Comment se nomme l'ennemi de Spider-Man ? ....
b. Quel est le surnom de cet ennemi ? ....
c. Quel est son super pouvoir ? ....
d. De quelles couleurs est son costume ? ....

3 Et toi, si tu avais un costume de super-héros comment serait-il ?

....
....
....
....

L'adjectif qualificatif

● Un **adjectif qualificatif** permet d'apporter **des précisions sur le nom qu'il complète.** Il peut être placé **avant ou après le nom.**
*Exemple : La voiture **rapide** des policiers file sur le **petit** pont.*

● L'adjectif qualificatif **s'accorde en genre et en nombre** avec le nom qu'il accompagne.
*Exemples : la voiture rapide → **les** voiture**s** rapide**s***
*le petit pont → **la** petit**e** ru**elle***

● L'adjectif qualificatif peut avoir **deux fonctions différentes suivant sa place par rapport au nom** :
– **épithète** s'il est **à côté du nom** qu'il qualifie, juste avant ou juste après ;
*Exemple : la **petite** ruelle **pavée***
– **attribut du sujet** s'il est **séparé du nom par un verbe d'état** (être, paraître, sembler, rester, etc.). Il va alors fournir une information sur le sujet.
*Exemple : Cette ruelle <u>**est**</u> <u>**magnifique**</u>.*
verbe être ***attribut du sujet ruelle***

1 **Trouve dans chaque liste l'intrus qui n'est pas un adjectif et barre-le.**

a. courageux – solitaire – combattre – rapide – agile
b. drôle – gentille – parc – douce – aimante
c. méchant – vite – violent – petit – énorme
d. agréable – joyeuse – marrant – joliment – mignon

2 **Entoure le bon adjectif pour que chaque phrase soit correcte.**

Spider-Man lance sa toile **gluant** / **gluante** sur les **grand** / **grands** immeubles à la poursuite du voleur en fuite. Il vole dans la nuit **noir** / **noire**. Notre **incroyable** / **incroyables** héros rattrape l'**horribles** / **horrible** voleur dans une **petit** / **petite** ruelle **sombre** / **sombres**.

3 **Souligne les adjectifs dans le texte suivant.**

Spider-Man, en héros courageux, arrête le voleur meurtrier. Il appelle le commissariat voisin pour que les policiers justiciers le conduisent, dans une petite cellule. Il sera ensuite jugé dans le grand tribunal de la ville pour l'effroyable meurtre et les nombreux vols.

4 **Indique si l'adjectif souligné est épithète ou attribut du sujet.**

a. Il est <u>soulagé</u>. → ....

b. La justice <u>véritable</u> va effectuer son travail. → ....

c. Les juges <u>équitables</u> condamneront le voleur. → ....

d. Le voleur restera <u>enfermé</u> de nombreuses années pour le crime commis. → ....

....

Maths
10 Multiplier les nombres entiers

● La **multiplication** est une opération qui va permettre d'**ajouter plusieurs fois la même quantité**. Elle **remplace une addition réitérée** comme 5 + 5 + 5 + 5 qui devient 4 × 5.

● Le **résultat** d'une multiplication est **un produit** et **les deux nombres de la multiplication** sont **des facteurs**.

● Quand on multiplie un nombre **par 10, 100, 1 000**, on écrit **un, deux ou trois zéros à droite du nombre**.
Exemples : 5 × 10 = 50 ; 75 × 100 = 7 500 ; 89 × 1 000 = 89 000

● Quand on multiplie **par des dizaines, des centaines, des mille arrondis** comme 30, 500 ou 7 000, on multiplie **par le nombre des dizaines, des centaines ou des mille** et **on ajoute les zéros**.
Exemple : 5 × 500 = 2 500, soit le produit de 5 × 5 et les zéros ajoutés.

● Voici comment poser une multiplication.
– On place toujours le plus grand nombre en haut.
– On commence par repérer **les unités** du multiplicateur pour multiplier 5 432 par ce nombre, c'est-à-dire 8.
– On commence par 8 × 2 = 16, on inscrit les unités et on note la dizaine en retenue (1) à ajouter au produit des dizaines suivantes.
– On continue avec 8 × 3 = 24 et on ajoute la dizaine 24 + 1 = 25. On note le 5 et on reporte le (2) en retenue et ainsi de suite jusqu'à terminer le calcul de 5 432 × **8** = **43 456**.
– On multiplie ensuite par 30, donc on pense à mettre en premier le **0**, puis on multiplie par 3 donc 5 432 × **30** = **162 960**.
– Enfin on additionne les produits obtenus : **43 456** + **162 960** = **206 416**.

			(3) 5	(2) 4	(1) 3	2
×					3	8
	(1)	4	(1) 3	(1) 4	5	6
+	1	6	2	9	6	0
	2	0	6	4	1	6

1 **Écris le résultat de ces multiplications.**

a. 254 × 1 = ...
b. 42 × 2 = ...
c. 62 × 100 = ...
d. 42 × 200 = ...
e. 872 × 10 = ...
f. 757 × 0 = ...
g. 24 × 2 000 = ...
h. 34 × 2 = ...
i. 3 × 500 = ...

2 **Pose et effectue les multiplications.**

a. 36 × 9
b. 567 × 54
c. 864 × 73

Le groupe nominal

● Le **groupe nominal** est composé au minimum d'un **nom** et d'un **déterminant**. *Exemple : La voiture*

● Il peut être **enrichi** par :
– **un adjectif épithète** ;
Exemple : La voiture ***bleue***
– **un complément du nom**. C'est **un nom ou un groupe nominal** qui est **lié au nom noyau** grâce à une **préposition** (de, à, avec, sans, pour...) ;
Exemple : La voiture ***de police***
– **une proposition subordonnée relative**.
Exemple : La voiture ***qui roule vite****.*

● Ces précisions s'appellent **des expansions du nom**. Il peut y en avoir **plusieurs** pour le même nom noyau.
Exemple : Le ***courageux*** *héros* ***qui avait enfin arrêté le voleur****.*

1 **Indique si les mots en gras sont des adjectifs (A), des compléments du nom (C) ou des propositions subordonnées relatives (P).**

Peter garde son **fabuleux** (.....) secret pour lui. Personne n'a deviné ce mystère **qui pourrait sembler inimaginable** (.....). Le garçon **timide** (.....), **solitaire** (.....) continue d'aller au lycée la journée. La nuit, le héros **de la ville** (.....) part combattre les méchants **de l'univers** (.....) **qui ne dorment jamais** (.....).

2 **Remplace les groupes de mots en gras par des adjectifs qualificatifs.**

a. Spider-Man protège la population **d'Amérique**.

....

b. Le voleur **qui a perdu** est enfermé en prison.

....

c. Même l'entourage **du président** a entendu parler de Spider-Man.

....

d. La brigade **de police** fait souvent appel à Spider-Man.

....

3 **Remplace les adjectifs en gras par des compléments du nom ayant le même sens.**

a. Il combat le crime à des heures **nocturnes**. → ....

b. Mais il doit se lever à des heures **matinales** pour se rendre au lycée. → ....

c. Il mène toujours une vie **solitaire**. → ....

d. Cependant, il a trouvé un sens **héroïque** à sa vie. → ....

e. C'est un homme **courageux**. → ....

Maths 12

Les partages et les divisions

- La **division** permet de **grouper** ou de **partager en parts égales**. Pour cela, on se sert des **tables de multiplication** (voir tableau sur la couverture).
- La quantité à partager ou à regrouper est appelée **dividende**. Le nombre de parts ou de groupes (paquets) est appelé **diviseur**, le résultat (le nombre d'éléments par part ou par groupe) est le **quotient** et il peut y avoir un **reste** (toujours inférieur au diviseur).

Exemples : ***Pour partager*** *un sachet de 24 bonbons entre 6 enfants, on se pose la question « Combien y a-t-il de fois 6 dans 24 ? ». On sait que 6 × 4 = 24.*
On peut donc donner 4 bonbons à chaque enfant.
Pour regrouper *26 bonbons en paquets de 4, on cherche quel est le résultat inférieur le plus proche de 26. Ce résultat est 24. On donne donc 6 bonbons à chaque enfant, car on peut faire 6 paquets de 4 bonbons.*
Il restera 2 bonbons car 26 – 24 = 2.
Le reste doit toujours être plus petit que le nombre de parts ou de groupes (le diviseur) : *2 est bien plus petit que 6.*

1 Réponds aux questions comme dans l'exemple.

Exemple : Combien de fois 5 dans 30 ? → 6 fois, car 5 × 6 = 30.

a. Combien de fois 6 dans 48 ? → ....

b. Combien de fois 7 dans 35 ? → ....

c. Combien de fois 8 dans 72 ? → ....

d. Combien de fois 4 dans 44 ? → ....

2 Complète ces égalités.

a. 79 = (9 × .....) + ...

b. 46 = (5 × .....) + ...

c. 31 = (4 × .....) + ...

d. 67 = (6 × .....) + ...

e. 64 = (6 × .....) + ...

f. 71 = (8 × .....) + ...

g. 51 = (9 × .....) + ...

h. 25 = (2 × .....) + ...

i. 57 = (7 × .....) + ...

3 Complète ces calculs comme dans l'exemple.

Exemple : 43 = (6 × 7) + 1 → 43 ÷ 6 = 7 et il reste 1.

a. 26 = (3 × .....) + ... → 26 ÷ 3 = ... et il reste .....

b. 52 = (7 × .....) + ... → 52 ÷ 7 = ... et il reste .....

c. 93 = (10 × .....) + ... → ..... ÷ ..... = ... et il reste .....

d. 852 = (100 × .....) + ... → ..... ÷ ..... = ... et il reste .....

4 Miles doit distribuer un lot de 57 vêtements chauds à 8 personnes sans-abri. Combien pourra-t-il en donner à chacun ?

- **Calcul :** ....
- **Phrase de réponse :** ....

Le verbe

● Le **verbe** est **essentiel dans une phrase**. Il sert à **indiquer une action**.
Dans le dictionnaire, ils sont à l'**infinitif**.
Exemples : manger, danser, boire, etc.

● Le verbe se compose de **deux parties** :
– le **radical** qui est la base du verbe ;
*Exemple : **mang**-er*
– la **terminaison** qui change selon la conjugaison du verbe.
*Exemples : mang-**er**, mang-**e**, mang-**eas***

● Le **verbe se conjugue en fonction de la personne** (je, tu, il, elle, on, nous, vous, ils, elles), **du mode** (indicatif, impératif, subjonctif, etc.) et **du temps** (passé, présent, futur, etc.).

1 Réécris ces phrases avec un nouveau début et indique le mot qui a changé.

a. Peter se change en Spider-Man.

→ Demain, ...

Le mot qui change est ....

b. Les méchants se méfient de Spider-Man.

→ Le mois dernier, ...

Le mot qui change est ....

c. Les policiers auront moins de travail.

→ Aujourd'hui, ...

Le mot qui change est ....

2 Dans chaque liste, barre le mot qui n'est pas un verbe.

a. boire – manger – sortir – fête – s'amuser – rire
b. juger – arrêter – enfermer – condamner – parloir
c. se balancer – voler – bouclier – disparaître – sauter
d. prendre – entendre – apprendre – foudre – mordre

3 Entoure les mots en gras en bleu si ce sont des verbes et en rouge si ce sont des noms.

a. Peter ne sait pas **pêcher**. Le voisin a un **pêcher** dans son jardin.

b. Pour faire plaisir à sa tante, Peter prépare le **dîner**. Sa tante lui demande à quelle heure ils pourront **dîner**.

c. Tante May ne **travaille** plus, elle est à la retraite. Peter ne sait pas encore quel **travail** il fera plus tard.

d. Peter va **pouvoir** y réfléchir encore un peu, mais son nouveau **pouvoir** change les choses.

e. Tante May lui demande de se faire **conseiller** par le **conseiller** d'orientation du lycée.

f. Pour le moment, Peter a envie de **goûter**. Tante May a préparé son **goûter** préféré.

Maths **14**

La technique opératoire de la division

- La division posée à une présentation qu'il faut bien respecter.

Dividende	Diviseur
soustractions	Quotient
Reste	

- Avant de calculer une division, **on évalue le nombre de chiffres du quotient.**

- Si on doit effectuer **475 ÷ 6**, on encadre le dividende après avoir multiplié le dividende par 10, 100, 1 000 (6 × 10 = 60, 6 × 100 = 600, 6 × 1 000 = 6 000).
60 (6 × 10) < 475 < 600 (6 × 100). Le quotient sera donc compris entre 10 et 100.
Il aura donc deux chiffres.

```
Dividende       Diviseur
  4 7 5 | 6
- 4 2   |----
------  | 7
    5   |
```

```
  4 7 5 | 6
- 4 2   |----
------  | 7 9
    5 5 |
  - 5 4 |
  ----- |
      1 |
```

1) Pour trouver le nombre de dizaines du quotient, on va commencer par diviser **47**. On ne peut pas débuter avec 4, car c'est plus petit que 6. On se demande « Dans 47, combien de fois 6 ? »
6 × 7 = 42, cela fait donc 7 dizaines au quotient.
47 – 42 = 5, il reste 5 dizaines.

2) Pour trouver le nombre d'unités au quotient on descend, à côté des dizaines restantes, les unités, soit **55**. On se demande « Dans 55, combien de fois 6 ? »
6 × 9 = 54, cela fait donc 9 unités au quotient.
55 – 54 = 1, le **reste est 1**. Il doit être plus petit que le diviseur et le **quotient de 79**.

- On vérifie une division en effectuant une multiplication. On multiplie le **quotient** avec le **diviseur** et on ajoute le **reste**. *Exemple : (79 × 6) + 1 = 475.*

1 Observe l'exemple et complète.

Exemple : 82 ÷ 4 → 4 × 10 (40) < 82 < 4 × 100 (400). Le quotient aura 2 chiffres.

a. 856 ÷ 4 → 4 × .... (..........) < 856 < 4 × .... (..........). Le quotient aura .... chiffres.

b. 537 ÷ 2 → 2 × .... (..........) < 537 < 2 × .... (..........) . Le quotient aura .... chiffres.

c. 468 ÷ 5 → 5 × .... (..........) < 468 < 5 × .... (..........) . Le quotient aura .... chiffres.

d. 398 ÷ 7 → 7 × .... (..........) < 398 < 7 × .... (..........) . Le quotient aura .... chiffres.

2 Pose les divisions suivantes.

a. 735 ÷ 4

b. 853 ÷ 6

c. 265 ÷ 24

Les adverbes

- Les **adverbes** sont des **mots invariables** qui vont **modifier le sens** :
– d'un verbe ; *Exemple : Il aime* **beaucoup** *les hot-dogs.*
– d'un adjectif qualificatif ; *Exemple : Il est* **très** *sportif.*
– d'un autre adverbe ; *Exemple : Il a* **très bien** *dormi.*
– de toute une phrase. *Exemple :* **Souvent**, *il regarde les étoiles du haut d'un immeuble.*

- Il existe **plusieurs catégories** d'adverbes :
– les **adverbes de temps** *(aujourd'hui, demain, avant, hier, jadis, autrefois, encore, etc.)* ;
– les **adverbes de lieu** *(ici, là, près de, dedans, dehors, dessus, devant, derrière, etc.)* ;
– les **adverbes de manière** que l'on peut parfois former à partir d'adjectifs *(mal, mieux, lentement, rapidement, bruyamment, bien, etc.)* ;
– les **adverbes de quantité** *(plus, moins, assez, trop, beaucoup, très, etc.)* ;
– les **adverbes de négation** *(ne... pas, ne... plus, ne... jamais, etc.)*.

1 **Souligne les adverbes de ces phrases et classe-les dans le tableau.**

Aujourd'hui, Peter a passé une excellente nuit. Un de ses professeurs n'était pas là. Il a pu dormir plus longuement ce matin. Il en avait vraiment besoin. Aller dehors toutes les nuits est épuisant. Maintenant, il doit apprendre à mieux gérer son temps de repos.

Adverbes de manière	Adverbes de lieu	Adverbes de temps
....	....	....
....	....	....
....		

2 **Barre tous les mots de cette liste qui ne sont pas des adverbes.**

lentement – vêtement – prudemment – sagement – exagérément
sifflement – drôlement – enlèvement – fortement – éclaircissement
clairement – mollement – événement

3 **Complète les phrases avec l'adverbe de ton choix.**

a. Le méchant court .... pour ne pas se faire rattraper.

b. Les gens ne veulent .... avoir peur.

c. .... il a arrêté un malfrat .... recherché par la police.

d. Il aime .... voler au-dessus de la ville.

e. ...., Peter fera la grasse matinée.

f. ...., il retrouvera Gwen .... lac.

Les fractions simples (1)

- Une **fraction d'unité** représente chaque part égale d'une unité partagée.

Exemples :

Si l'unité correspond à 4 parts égales, on écrit $1 = \frac{4}{4}$ *:*

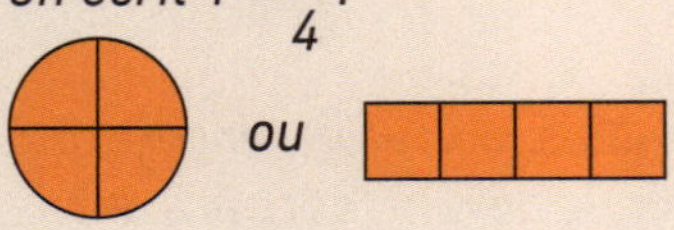

La fraction $\frac{1}{4}$ *est une part sur 4 :*

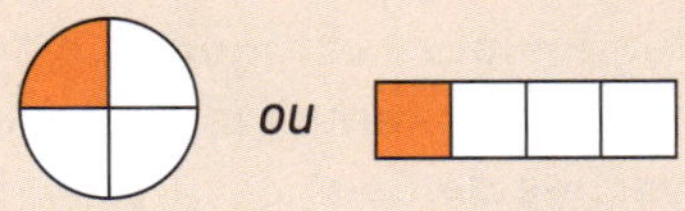

- Dans la fraction $\frac{1}{4}$, **1** est le **numérateur**. Il indique le nombre de parts prises.

4 est le **dénominateur**. Il indique le nombre total de parts égales.

- Pour lire une fraction, on commence par le numérateur, puis par le dénominateur. Quand le dénominateur est :

– **2**, on lit « **demi** », *exemple :* $\frac{1}{2}$ *se lit un demi ;*

– **3**, on lit « **tiers** », *exemple :* $\frac{2}{3}$ *se lit deux tiers ;*

– **4**, on lit « **quart** », *exemple :* $\frac{5}{4}$ *se lit cinq quarts.*

- Pour lire les autres fractions, on utilise le suffixe « -ième ». *Exemple :* $\frac{3}{7}$ *se lit trois septièmes.*

⚠ On accorde le dénominateur avec le nominateur quand on écrit.
Exemple : cinq quarts, trois septièmes, etc.

1 Associe ces fractions à leur représentation

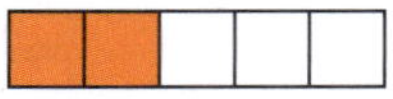 • • $\frac{2}{3}$

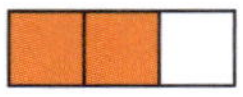 • • $\frac{3}{8}$

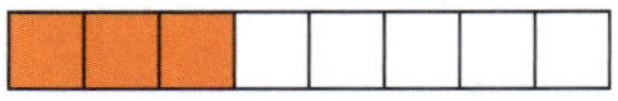 • • $\frac{1}{4}$

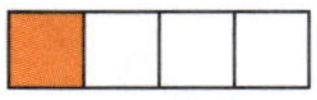 • • $\frac{2}{5}$

2 Peter mange une part de chacune des pizzas. Écris la fraction de ce qu'il reste en chiffres, puis en lettres, pour chaque pizza.

.... /	.... /	.... /	.... / ....
....	....	....	....

Spider-Jeux

Retour à la maison

Pour rejoindre Tante May chez eux, Peter ne doit passer que par des nombres impairs.
Colorie le chemin qu'il doit prendre.

27	43	50	8	66	54	24	32	78	2
10	21	67	70	64	458	78	98	4	624
350	96	93	82	73	141	53	84	50	138
64	100	109	102	151	18	77	60	32	22
98	44	35	41	83	114	47	322	270	58
48	300	632	724	14	42	253	118	397	55
56	10	106	908	58	38	423	535	51	20

L'ordonnance du Docteur

Pour déchiffrer le message que le Dr Strange a transmis à Spider-Man dans son rêve, tu dois reculer chaque lettre d'une place dans l'alphabet.

U V   Q F V Y
_ _   _ _ _ _

D P O U S P M F S
_ _ _ _ _ _ _ _ _

U F T   S F W F T
_ _ _   _ _ _ _ _

F U   U B   Q F V S
_ _   _ _   _ _ _ _

Le sujet

- Dans une phrase, le **sujet réalise l'action**. *Exemple : **Elle regarde** le ciel.*
- Le sujet est donc directement **lié au verbe conjugué**. Il n'est pas toujours devant le verbe, on parle alors de **sujet inversé**. *Exemple : Dans la ville, **veille l'homme araignée**.*
- Le verbe **s'accorde** avec le sujet **en personne et en nombre**.
- Le sujet peut être :

– un **pronom personnel** : je, tu, il, elle, on, nous, vous, elles, ils ;

– un **nom** ou **un groupe nominal** qui peut être remplacé par un pronom personnel ;
*Exemples : **Peter prend** le métro. **L'adolescent prend** le métro. **Il prend** le métro.*

– un **infinitif** ou un **groupe infinitif**.
*Exemple : **Construire des réseaux de toile est** impressionnant.*

1 Réponds aux questions pour trouver le sujet du verbe en rouge.

a. Ce matin une terrible nouvelle **est sortie** dans le journal.

→ Qu'est ce qui est sorti ? ....

b. Peter et Tante May la **découvrent** ensemble.

→ Qui est ce qui la découvre ? ....

c. Ils **boivent** leur café du matin.

→ Qui est ce qui boit ? ....

d. Le Lézard **est revenu** dans la ville !

→ Qui est-ce qui est revenu ? ....

2 Souligne les sujets des verbes en gras.

L'homme vert **fait** la une de tous les journaux. Sa femme **témoigne** dans l'un d'eux. Elle **est** inquiète. Hier, des enfants l'**ont aperçu**. Heureusement ils **ont pu** s'enfuir. Les journalistes **parlent** d'une créature très violente. L'homme Lézard ne **serait** pas seul. La population **doit** rester vigilante.

3 Réécris les phrases en remplaçant les sujets en gras par des pronoms personnels.

a. **Les enfants** ont eu peur. → ....

b. **La population** est inquiète. → ....

c. **Les différentes polices** sont à sa recherche. → ....

d. **Le Lézard** a un plan. → ....

e. **Des reptiles** l'accompagnent pour terrifier les gens. → ....

....

f. **Spider-Man** enfile sa tenue pour partir à sa recherche. → ....

....

Les fractions simples (2)

● Les **fractions simples** peuvent avoir **un numérateur supérieur au dénominateur**. Cela veut dire qu'elles sont **supérieures à 1**.

Exemple :

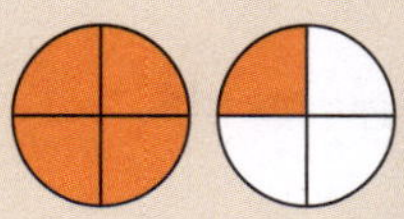

*Si sur ces deux pizzas, Spider-Man mange $\frac{5}{4}$, cela veut dire qu'il aura mangé **5 parts**, mais comme **une pizza entière fait 4 parts**, il aura mangé **1 pizza (unité) et** $\frac{1}{4}$. On peut dire qu'il a mangé $\frac{5}{4}$ ou **1 unité** $\left(\frac{4}{4}\right)$ et $\frac{1}{4}$ donc $\frac{5}{4} = 1 + \frac{1}{4}$.*

● Si on prend **moins de parts** que dans une unité, **le numérateur est inférieur au dénominateur**, donc la fraction est **inférieure à 1**. *Exemple :* $\frac{1}{4} < 1$.

● Si on prend **plus de parts** que dans une unité, **le numérateur est supérieur au dénominateur**, donc la fraction est **supérieure à 1**. *Exemple :* $\frac{5}{4} > 1$.

● Si on prend **le même nombre de parts** que dans une unité, **le numérateur et le dénominateur sont égaux**, donc la fraction est **égale à 1**. *Exemple :* $\frac{4}{4} = 1$.

1 Colorie la fraction demandée.

a. $\frac{3}{4}$ → 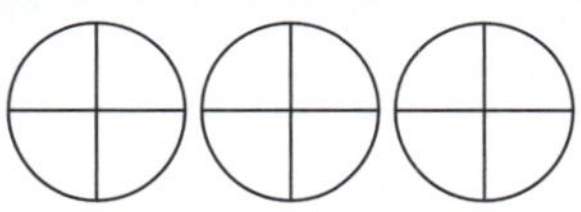

b. $\frac{4}{7}$ → 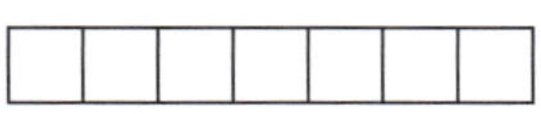

c. $\frac{8}{5}$ → 

d. $\frac{10}{4}$ → 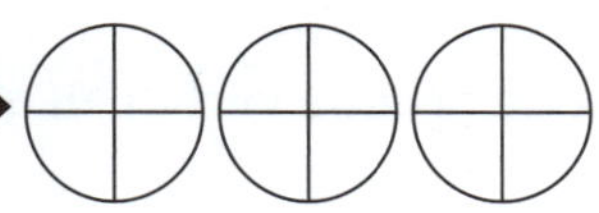

2 Complète les égalités comme dans l'exemple.

Exemple : $\frac{8}{5} = \frac{5}{5} + \frac{3}{5} = 1 + \frac{3}{5}$

a. $\frac{6}{4}$ = ...

b. $\frac{9}{6}$ = ...

c. $\frac{5}{3}$ = ...

d. $\frac{5}{2}$ = ...

3 Range ces fractions dans l'ordre croissant. $\frac{4}{3}$; $\frac{1}{3}$; $\frac{6}{3}$; $\frac{3}{3}$; $\frac{2}{3}$

....

4 Range ces fractions dans l'ordre décroissant. $\frac{5}{4}$; $\frac{1}{4}$; $\frac{10}{4}$; $\frac{4}{4}$; $\frac{9}{4}$

....

5 Complète avec le signe < ou > ou =.

a. $\frac{2}{3}$ .... $\frac{4}{3}$

b. $\frac{9}{5}$ 1

c. $1 + \frac{1}{4}$ .... $\frac{5}{4}$

d. $\frac{5}{8}$ .... $\frac{3}{8}$

e. $\frac{6}{6}$ 1

f. $\frac{2}{3}$ 1

g. $1 + \frac{2}{5}$ .... $\frac{8}{5}$

h. $\frac{8}{5}$ .... $\frac{6}{5}$

i. $\frac{7}{6}$ 1

Français 19

Le groupe verbal

● Le **groupe verbal** est un **ensemble de mots** qui fournit des **informations sur le sujet**. Le groupe verbal indique ce que le sujet est **en train de faire** ou **dans quel état il se trouve**.
Exemple : Il ***menace les passants****. Il* ***est menaçant****.*

● Le groupe verbal est constitué **du verbe et de ses compléments**.
Exemple : Il ***devient un méchant redoutable****.*

● Pour le trouver, on peut compléter la phrase : **« C'est/ce sont... qui... »**. Le premier trou correspond au **sujet** et le second correspond au **groupe verbal**.
Exemple : La population doit rester vigilante.
→ C'est ***la population*** *qui* ***doit rester vigilante****.*

1 Complète le groupe verbal avec les mots de ton choix. Attention au sens de la phrase.

a. Le Lézard est ....

b. Spider-Man décide ....

c. Pendant ce temps, la police lance ....

d. La population regarde ....

e. La femme du Lézard essaie ....

2 Relie chaque groupe verbal au groupe sujet qui convient.

Cette formule •	• est devenu un gros méchant lézard.
Le professeur •	• ne reconnaît plus son mari.
Sa femme •	• devait lui rendre son bras.
Spider-Man et la police •	• doivent vite l'arrêter.

3 Dans le texte, souligne en vert les sujets, en rouge les verbes et entoure les groupes verbaux.

Le Lézard est un scientifique. Il est connu sous le nom du Docteur Connors. Il a voulu faire repousser son bras. Il a utilisé une formule à base de lézards.

Cette potion permet aussi de devenir plus fort. Malheureusement, l'expérience a mal tourné. Le Lézard terrifie toute la ville. Spider-Man doit rapidement le retrouver. Il aperçoit enfin le méchant sur le mur du laboratoire.

Les fractions décimales

- Une **fraction décimale** est une fraction qui a pour **dénominateur 10, 100, 1 000**, etc.
- Quand **on partage l'unité en 10 parts égales**, chaque part représente $\frac{1}{10}$ de l'unité et on lit cela **« un dixième »**.
- Quand **on partage l'unité en 100 parts égales**, chaque part représente $\frac{1}{100}$ de l'unité et on lit cela **« un centième »**.
- Il est possible de **décomposer une fraction décimale supérieure à 1**.

*Exemple : prenons la fraction $\frac{32}{10}$. Il faut d'abord **chercher le nombre d'unité entière**.*

*On sait qu'**une unité entière $\frac{10}{10}$ représente 10 parts (une dizaine)**. Dans 32, il y a **3 dizaines**, c'est-à-dire $\frac{30}{10}$ soit **3 unités**. Il reste ainsi $\frac{2}{10}$ donc $\frac{32}{10} = \frac{30}{10} + \frac{2}{10} = \mathbf{3} + \frac{2}{10}$.*

*Si j'ai $\frac{652}{100}$, je sais qu'**une unité c'est $\frac{100}{100}$** soit **100 parts**. Dans 652, j'ai **600 parts**, donc **6 unités**. Il reste 652 – 600 = **52**. Donc $\frac{652}{100} = \frac{600}{100} + \frac{52}{100} = \mathbf{6} + \frac{52}{100}$.*

- On peut **ajouter des fractions décimales entre elles** si le dénominateur est le même.

Exemple : $\frac{5}{10} + \frac{8}{10} = \frac{13}{10}$; $\frac{25}{100} + \frac{82}{100} = \frac{107}{100}$ ⚠ On additionne seulement les numérateurs.

1 Entoure en bleu les fractions décimales et en rouge les autres fractions.

$\frac{5}{10}$; $\frac{23}{8}$; $\frac{351}{100}$; $\frac{88}{10}$; $\frac{10}{8}$; $\frac{9}{7}$; $\frac{100}{9}$; $\frac{5}{7}$; $\frac{3}{10}$; $\frac{25}{100}$

2 Place les fractions sur la droite : $\frac{5}{10}$; $\frac{2}{10}$; $\frac{8}{10}$; $\frac{12}{10}$; $\frac{10}{10}$.

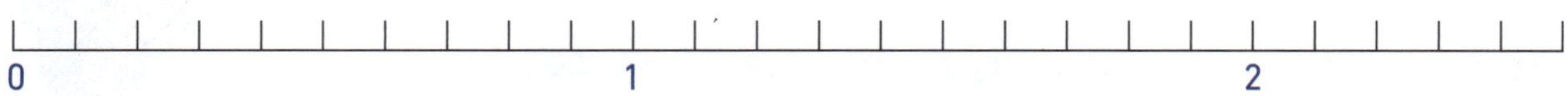

3 Indique pour chaque repère la fraction correspondante.

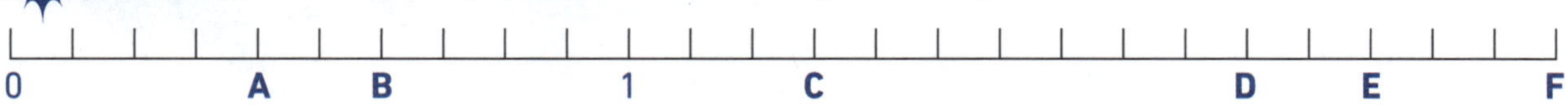

A : ……/…… ; B : ……/…… ; C : ……/…… ; D : ……/…… ; E : ……/…… ; F : ……/……

4 Écris ces fractions en lettres.

a. $\frac{3}{10}$: ……………………………………

b. $\frac{24}{100}$: ……………………………………

c. $\frac{350}{100}$: ……………………………………

5 Calcule les opérations suivantes.

a. $\frac{27}{10} + \frac{3}{10}$ = ……………………………………

b. $\frac{45}{100} + \frac{35}{100}$ = ……………………………………

c. $\frac{12}{10} + \frac{8}{10} + \frac{7}{10}$ = ……………………………………

Les compléments d'objet

- Les **compléments d'objet** sont des **compléments du verbe**. Ils ne peuvent être **ni déplacés, ni supprimés**.
- Ils peuvent être de **plusieurs natures** différentes : un **groupe nominal**, un **nom propre**, un **pronom**, un **infinitif** ou un **groupe infinitif**.
- Il existe **deux types de compléments d'objet** :

– le **complément d'objet direct** (le **COD**). Il est **directement lié au verbe**. Pour le trouver, il faut repérer le sujet et le verbe conjugué, puis poser la question suivante après le verbe : **« Qui/quoi ? »** ;

*Exemple : **Il** **fabrique** une potion. → Il fabrique **quoi ?** : **une potion.***

– le **complément d'objet indirect** (le **COI**). Il est introduit par **une préposition**, le plus souvent (*à* ou *de*) ou par un **article défini contracté** (*au, aux, des, du*). Pour le trouver, il faut repérer le sujet et le verbe, ainsi que la préposition ou l'article contracté. Puis on peut poser la question suivante après le verbe : **« À qui/à quoi ? »** ou **« de qui/de quoi ? »**.

*Exemple : **Il** **cherche** à mettre son plan à exécution.*
*→ Il cherche **à quoi ?** : **à mettre son plan à exécution.***

1 Réponds aux questions pour trouver le complément d'objet.

a. La femme du docteur Connors cherche de l'aide.

→ La femme du docteur cherche quoi ? ....

b. Elle demande à Spider-Man.

→ Elle demande à qui ? ....

c. Son mari terrifie toute la ville.

→ Son mari terrifie qui ? ....

2 Souligne les compléments d'objet et note si ce sont des COD ou des COI.

a. Elle ne reconnaît plus son mari. → ....

b. Elle a peur du Lézard. → ....

c. Elle ne veut pas qu'il lui arrive quelque chose. → ....

d. Elle parle à la presse. → ....

e. Spider-Man explique aux policiers qu'il va s'en charger. → .... et ....

3 Choisis le COI entre parenthèses qui convient en l'entourant.

Le Lézard file dans la ville. Sa femme pense à **lui** / **eux**. Des innocents sont peut-être en danger, elle pense aussi à **lui** / **eux**. Elle appelle Spider-Man. Elle veut **lui** / **leur** demander de le sauver. Spider-Man **la** / **lui** promet de le retrouver. Il part vite sur sa piste. Il **lui** / **la** promet de faire de son mieux pour le sauver.

Les nombres décimaux

- Les **nombres décimaux** peuvent s'écrire sous **deux formes** : une **fraction décimale** et un **nombre avec une virgule**, c'est-à-dire un **nombre décimal**. On peut passer d'une forme à une autre.
- Pour passer d'une fraction décimale à un nombre décimal, on **décompose la fraction**.

Exemples : $\frac{32}{10} = \frac{30}{10} + \frac{2}{10} = 3 + \frac{2}{10} = 3{,}2$; $\frac{652}{100} = \frac{600}{100} + \frac{52}{100} = 6 + \frac{52}{100} = 6{,}52$

- La virgule permet de séparer la **partie entière** et la **partie décimale**.

Fraction décimale	Partie entière			Partie décimale		Écriture décimale	Lecture du nombre
$\frac{32}{10}$			3,	2		3,2	Trois virgule deux ou trente-deux dixièmes
$\frac{652}{100}$			6,	5	2	6,52	Six virgule cinquante-deux ou six-cent-cinquante-deux centièmes

- Pour passer d'une écriture décimale à une fraction décimale, on utilise l'**addition de fractions décimales**.

Exemple : $9{,}64 = 9 + \frac{64}{100} = \frac{900}{100} + \frac{64}{100} = \frac{964}{100}$

- Pour comparer les nombres décimaux, on commence par comparer la partie entière puis les dixièmes et les centièmes. *Exemples : 5,5 > 3,2 ; 5,5 < 5,7 ; 5,52 > 5,51.*
- On peut préciser le placement d'un nombre décimal en l'encadrant (à l'unité ou au dixième près).

1 **Décompose pour trouver le nombre décimal.**

a. $\frac{37}{10}$ = ...

b. $\frac{251}{100}$ = ...

c. $\frac{209}{10}$ = ...

2 **À partir de chaque fraction, donne l'écriture décimale.**

a. $\frac{52}{10}$ → ....

b. $\frac{862}{100}$ → ....

c. $\frac{5\,231}{100}$ → ....

3 **Colorie d'une même couleur les égalités.**

5,4	$\frac{50}{10} + \frac{4}{10}$	$\frac{5\,427}{100}$
$\frac{5\,400}{100} + \frac{27}{100}$	54,27	$\frac{54}{10}$

4 **Complète par < ou >.**

a. 4,32 5,33

b. 7,25 8,25

c. 5,03 5,3

d. 9,87 9,86

e. 351,2 35,12

f. 7,9 6,99

5 **Encadre chaque nombre décimal entre deux nombres entiers consécutifs.**

a. .... < 7,27 < ....

b. .... < 12,32 < ....

c. .... < 89,5 < ....

d. .... < 99,75 < ....

e. .... < 10,3 < ....

f. .... < 1,2 < ....

Les compléments circonstanciels

● Souvent, les **compléments circonstanciels** peuvent être **déplacés ou supprimés** dans une phrase. Ils **complètent la phrase** en fournissant des **informations** concernant :
– le **lieu** (où ?) ;
Exemple : Il se dirige vers un laboratoire. → ***Où ? vers un laboratoire.***
– le **temps** (quand ?) ;
Exemple : Ce matin, il a fui sa maison. → ***Quand ? Ce matin.***
– la **manière** (comment ?).
Exemple : Il se déplace rapidement et sans bruit. → ***Comment ? rapidement et sans bruit.***

● Le complément circonstanciel peut être :
– un **nom** ou un **groupe nominal introduit par une préposition** ;
Exemples : à la tombée de la nuit, avec force, sur toute la cité, etc.
– un **adverbe**.
Exemples : parfois, violemment, etc.

1 Indique pour chaque phrase le type du complément circonstanciel souligné (lieu, temps ou manière).

a. Spider-Man repère Le Lézard dans le quartier des affaires. → ....

b. En une minute, il le perd de vue. → ....

c. Il se déplace vraiment très vite. → ....

d. Il laisse éclater sa colère sur les voitures. → ....

e. Il crie avec violence. → ....

2 Souligne les compléments circonstanciels en bleu.

Au lever du jour, Le Lézard a déjà fait beaucoup de dégâts. Les riverains voient passer avec stupeur des reptiles. Dans le centre, le chaos règne. Il exprime sa souffrance de façon colérique. Il ne contrôle plus ses émotions aujourd'hui.

3 Réécris les phrases en déplaçant les compléments circonstanciels.

a. Ce matin, les nouvelles sont mauvaises.

....

b. Un méchant rôde dans New York.

....

c. Avec violence, il instaure un climat de terreur.

....

d. Il souffre intérieurement.

....

L'addition et la soustraction des nombres décimaux

Maths **24**

● Pour effectuer une addition ou une soustraction de nombres décimaux, il est important de bien poser ces opérations. Il faut :
– **aligner** les **centaines sous les centaines**, les **dizaines sous les dizaines**, les **unités sous les unités**, les **dixièmes sous les dixièmes**, les **centièmes sous les centièmes** ;
– **aligner les virgules** ;
– **compléter avec les zéros** nécessaires ;
– placer la virgule du résultat avant le calcul ;
– procéder à une **addition** ou une **soustraction** en commençant par les chiffres les plus à droite, donc les centièmes ou s'il n'y en a pas les dixièmes et penser à placer les retenues.

Exemples : 87,38 + 11,8

		(1)		
	8	7,	3	8
+	1	1,	8	0
	9	9,	1	8

37,2 – 25,85

	3	7,	(1)2	(1)0
–	2	(+1)5,	(+1)8	5
	1	1,	3	5

1 **Calcule sans poser les opérations.**

a. 27,4 + 2,5 = ...
b. 32,8 + 3,3 = ...
c. 45,07 + 21,3 = ...
d. 95,7 + 27,2 = ...
e. 125,25 + 125,25 = ...
f. 0,52 + 2,07 = ...

2 **Complète les opérations.**

a.

	5	8,	5	7
+	2	4,	7	0
	......	......,	......	......

b.

	5	4,	6	0
–	2	9,	5	7
	......	......,	......	......

c.

	2	7,	0	3
+	3	2,	0	9
	......	......,	......	......

3 **Calcule en posant les opérations.**

a. 158,3 + 282,22
b. 891,72 – 560, 5
c. 65,3 – 28, 24

4 **Problème :** **Pour fabriquer son costume, Spider-Man a acheté 523,5 cm de tissu. Il en a utilisé 357,42 cm. Combien de centimètres de tissu lui reste-t-il ?**

Calcul

• **Phrase de réponse :** ....

....

Ma lecture

→ Début p. 12

Mais qui est qui ?

Spider-Man a réussi à libérer Jameson, son patron, des griffes de Mysterio. C'est alors que Mysterio disparaît de leur vue dans une épaisse fumée verte. Les portes des bureaux sont verrouillées. C'est la confusion. Mysterio se jette de nouveau sur Jameson, mais Spider-Man, avec un coup de pied magistral, l'envoie valser et lui arrache son casque.

Quelle n'est pas la surprise de tous lorsqu'ils découvrent le visage de Peter Parker sous le casque ! Tout le monde est sonné, Spider-Man cherche à comprendre. Mysterio a volé son identité, car Peter Parker est le seul absent au journal ce matin. Spider-Man profite alors des fumées opaques pour enfiler un sweat à capuche et retirer son masque. Il apparaît ainsi en Peter Parker devant son patron qui pense voir double. Même Mysterio est déstabilisé.

1 Vrai ou faux. Coche la bonne réponse.

a. Heureusement, les portes des bureaux sont ouvertes. ○ Vrai ○ Faux

b. Mysterio attrape une seconde fois le patron du journal. ○ Vrai ○ Faux

c. Spider-Man enfile un tee-shirt. ○ Vrai ○ Faux

2 Souligne les extraits du texte qui te permettent de répondre à ces questions.

a. Comment se nomme le patron de Spider-Man ? ....

b. Comment Spider-Man réussit-il à envoyer valser Mysterio ? ....

c. Quelle identité Mysterio a-t-il prise ? ....

d. Pourquoi Mysterio a-t-il pris cette identité ? ....

....

3 Et toi, si tu pouvais prendre l'apparence de la personne de ton choix, qui serait-ce et pourquoi ?

....

....

....

....

L'infinitif

- L'**infinitif** est la forme d'un **verbe** lorsqu'il n'est **pas conjugué**. On peut **retrouver** l'**infinitif** d'un verbe en complétant la phrase : « Quelqu'un/quelque chose est en train de... ? »
Exemple : Il cherche le scientifique. → *Quelqu'un est en train de :* ***chercher***.
- On reconnaît l'infinitif d'un verbe grâce à la terminaison en **-er**, **-ir**, **-oir**, **-re**.
- La terminaison permet **de classer les verbes** dans un groupe. Il y en a **trois** :
– le **1er groupe** comprend tous les verbes dont l'infinitif **se termine en -er (sauf « aller »)**. Ce sont les plus nombreux ;
– le **2e groupe** comprend les verbes dont l'infinitif **se termine en -ir et qui se conjuguent comme « finir »**. Ils se terminent en -issons au présent avec le pronom personnel nous ;
Exemple : « Finir » donne « nous finissons ».
– le **3e groupe** comprend **tous les autres verbes**.

1 **Classe les verbes à l'infinitif dans le tableau.**

grandir vivre écrire danser exagérer aller pouvoir remplir
vouloir voyager mincir pâlir partager entendre bondir

Verbes du 1er groupe	Verbes du 2e groupe	Verbes du 3e groupe
....	....	....
....	....	....
....	....	....

2 **Trouve l'infinitif de chaque verbe et note son groupe.**

a. Il voyage → ....

b. Nous réfléchissons → ....

c. Ils bondissent → ....

d. Elle va → ....

e. Vous peignez → ....

3 **Souligne tous les verbes conjugués et à l'infinitif, puis note en dessous à quel groupe ils appartiennent.**

Le Lézard atterrit sur le mur d'un laboratoire. Spider-Man décide de le suivre.

....

Sur une table se trouve le remède pour sauver le professeur. Spider-Man l'aperçoit.

....

De façon habile, il arrive à l'attraper.

....

Maths

26 La résolution de problème

- Pour résoudre un problème, il faut suivre plusieurs étapes dans un ordre défini.

1. **Repérer la (ou les) question(s).** On peut la surligner. S'assurer de bien la comprendre. Elle donne des indications sur ce qu'on va devoir chercher.
2. **Lire le texte du problème comme une histoire**, en cherchant de qui l'on parle et quelles sont les actions. S'imaginer l'histoire dans sa tête comme un petit film.
3. **S'imaginer raconter cette histoire à quelqu'un** pour se concentrer sur les informations importantes à ne pas oublier.
4. **Noter sur un brouillon** ce que l'on va devoir chercher.
5. **Souligner les informations importantes** en rouge : les objets dont on parle, les verbes d'action, les repères de temps, etc.
6. **Faire un dessin ou un schéma** qui représente la situation.
7. **Choisir les opérations** que l'on doit utiliser pour résoudre le problème en regardant le vocabulaire utilisé. Si les étapes ont été suivies, on saura si l'on doit :
   - ajouter pour une addition (vocabulaire : total, somme, en tout, augmenter, avancer, etc.) ;
   - enlever ou faire une différence pour une soustraction (vocabulaire : baisse, différence, enlever, rester, reculer, etc.) ;
   - multiplier pour faire une multiplication (vocabulaire : double, triple, fois, lots, etc.) ;
   - partager ou faire des groupes pour une division (vocabulaire : parts égales, équitablement, répartir, partager, etc.).
8. **Effectuer le (ou les) calculs** en ligne et/ou posé(s).
9. **Rédiger une phrase de réponse** en utilisant les mots de la question.

1 Dans les problèmes suivants, surligne la question et indique quelle opération tu vas devoir utiliser.

a. Peter participe au marathon de New York. Il a déjà parcouru 34,2 kilomètres sur les 42,3 kilomètres.

Combien lui reste-t-il de kilomètres à parcourir ? → ....

b. Les élèves de terminale du lycée de Peter sont 210. Ils sont répartis équitablement en 6 classes.

Combien y a-t-il d'élèves par classe ? → ....

2 Résous le problème en suivant toutes les étapes de la leçon.

Ce soir, Peter va voir un match de basket au Madison Square Garden. C'est un stade de 19 500 places. La première semaine 8 525 places ont été vendues, la deuxième semaine 7 347 places et aujourd'hui 2 839 places. Combien y a-t-il de places invendues ?

6 Dessin ou schéma	7 Opérations nécessaires	8 Calculs	9 Phrase réponse
	....		....

Le présent de l'indicatif

- Au présent de l'indicatif, il existe **deux séries de terminaisons**.
- La première série est celle des **verbes du 1er groupe** et des **verbes avec un seul radical**.
  ⚠ Les verbes en **-cer** prennent un **ç** avec la 2e personne du pluriel et les verbes en **-ger** s'écrivent avec un **e** avant la terminaison de la 2e personne du pluriel.
- La seconde série est celle des **autres verbes**.
  ⚠ Pour les verbes du 2e groupe au pluriel, on ajoute **-iss** au radical avant d'ajouter la terminaison (ce qui donne **-issons**, **-issez**, **-issent**).

	Première série de terminaison	**Deuxième série de terminaison**		
		2e groupe et la plupart du 3e groupe	**Les verbes en -dre**	**Les verbes vouloir, pouvoir, valoir**
Je	**-e** (je mange, j'ouvre)	**-s** (je finis)	**-ds** (je prends)	**-x** (je veux)
Tu	**-es** (tu manges, tu ouvres)	**-s** (tu finis)	**-ds** (tu prends)	**-x** (tu veux)
Il/Elle/On	**-s** (elle mange, on ouvre)	**-t** (il finit)	**-d** (elle prend)	**-t** (il veut)
Nous	**-ons** (nous mangeons, nous ouvrons, nous finissons, nous prenons, nous voulons)			
Vous	**-ez** (vous mangez, vous ouvrez, vous finissez, vous prenez, vous voulez)			
Ils/Elles	**-ent** (ils mangent, elles ouvrent, ils finissent, elles prennent, ils veulent)			

- Il y a des exceptions : **être**, **avoir**, **faire**, **dire**, **aller** (voir tableau de la couverture).

1 **Conjugue les verbes à la 1re personne du singulier et à la 1re personne du pluriel.**

Verbes	1re personne du singulier	1re personne du pluriel
Commencer	....	....
Bondir	....	....
Pouvoir	....	....

2 **Complète les phrases avec le pronom personnel qui convient.**

.... comprenez la peur des New-Yorkais. .... doit être effrayant ce Lézard. .... pouvons nous mettre à la place des habitants de New York. .... apprennent la nouvelle dans le journal, un matin. Pourtant sa femme, ... l'aime toujours.

3 **Conjugue les verbes entre parenthèses au présent de l'indicatif.**

Le Lézard (arriver) .... avec une horde de reptiles. Ils (attaquer) .... Spider-Man. Nous (trembler) .... pour lui. Une vipère (tenter) .... de le mordre. Il (finir) .... par l'éviter et (tisser) .... des fils qui (retenir) .... les reptiles et Le Lézard.

Maths 28

Les tableaux et les graphiques

● Les **tableaux** permettent de donner plusieurs informations. Pour trouver une information, il faut **croiser les informations verticales et les informations horizontales**.

ÉLÈVES / SPORTS	Filles de l'école	Garçons de l'école
Basket	**13**	**21**
Handball	26	**32**
Tennis	**17**	11

*Il y a **17 filles qui pratiquent le tennis**. Il y a **32 garçons qui font du handball**.*

● On peut utiliser les informations pour **répondre à des questions**.
*Exemple : Combien d'élèves font du basket dans l'école ? **13 +21 = 34 élèves.***

● Les **graphiques** permettent de représenter des informations chiffrées **sous forme de courbes, bâtons ou de secteurs (camemberts)**. Elles pourront être **lues et comparées**.
Pour lire une information sur un graphique en courbe ou en bâton, il faut **croiser les informations de l'axe horizontal et de l'axe vertical**.
Exemple : On peut lire sur le graphique qu'il y a 27 élèves en CE1.

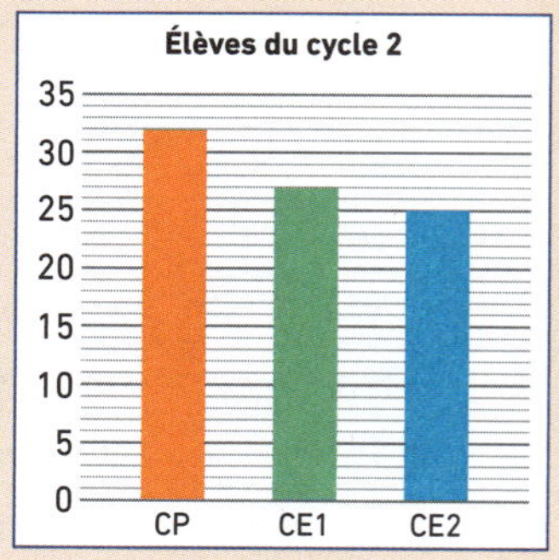

1 Observe le tableau et réponds aux questions.

La circulation sur le pont de Brooklyn

Passages / Jours	Piétons	Motos	Vélos	TOTAL
Vendredi	3 527	5 460	2 423	11 410
Samedi	4 612	8 715	3 487	16 814
Dimanche	5 822	4 318	2 560	12 700
TOTAL	13 961	18 493	8 470	**40 924**

a. Combien de piétons ont traversé le pont samedi ? ....

b. Quel jour y a-t-il eu le plus de motos ?

....

c. Combien y a-t-il eu de vélos sur tout le week-end ? ....

d. Combien de personnes ont circulé dimanche ? ....

2 Observe le graphique et réponds aux questions.

a. Combien de méchants Spider-Man a-t-il arrêtés jeudi ?

....

b. Quel jour en a-t-il arrêté le plus ? ....

c. Quel jour en a-t-il arrêté le moins ? ....

d. Quelle est la différence entre vendredi et dimanche ?

....

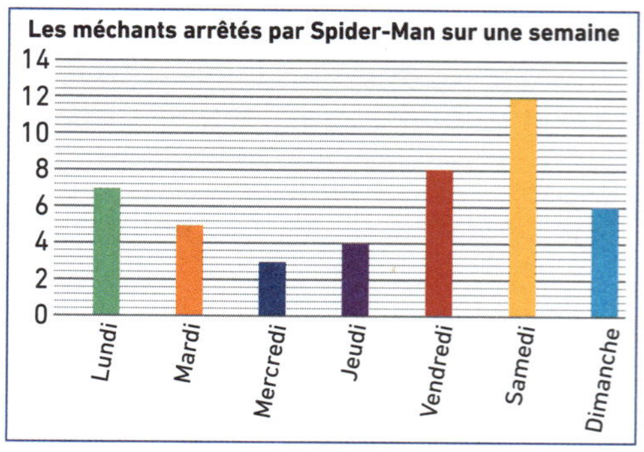

Le futur de l'indicatif

● Le **futur de l'indicatif** est un **temps du futur** qui exprime **quelque chose qui n'a pas encore eu lieu** au moment où l'on parle.

● Au futur de l'indicatif, pour les verbes **du 1er et du 2e groupe**, on garde les **verbes à l'infinitif et on ajoute les terminaisons.**

● Pour les verbes qui **se terminent par un e, on retire le e et on ajoute les terminaisons.**

● Pour les verbes en **-eler et -eter, on double le l ou le t.**

● Pour les verbes en **-yer, le y se change en i.**

● **Pour tous les verbes, les terminaisons du futur sont :**

	Singulier		Pluriel
Je	**-ai**	Nous	**-ons**
Tu	**-as**	Vous	**-ez**
Il/Elle/On	**-a**	Ils/Elles	**-ont**

⚠ Le radical change pour certains verbes : être, avoir, faire, voir, venir...

1 Souligne les verbes conjugués au futur.

préparera – mangeait – dansions – finiront – avertis – établirez – vérifiaient – a déplié – réuniras – observent – agrandirez – visiterai – commençais

2 Ajoute le pronom personnel qui convient.

a. .... jouerez

b. .... partirai

c. .... offriront

d. .... recopiera

e. .... transformeront

f. .... peindrons

g. .... obéiras

h. .... apprendra

3 Conjugue ces verbes au futur et à la personne demandée.

a. jouer (je) : ....

b. apprendre (nous) : ....

c. mentir (ils) : ....

d. balayer (il) : ....

e. réfléchir (vous) : ....

f. franchir (tu) : ....

4 Réécris les phrases suivantes au futur.

a. Ghost-Spider atterrit sur l'immeuble. Demain, ...

b. Nous nous inquiétons pour lui. ....

c. Vous prenez soin de lui. ....

d. J'admire son intelligence. ....

e. Tu dormais pendant qu'il combattait les crimes. ....

f. Ils acclamèrent le héros. ....

Maths **30**

Les situations de proportionnalité

- La **proportionnalité** définit des quantités qui augmentent ou diminuent de façon **constante** par la **multiplication** (« fois plus... ») ou la **division** (« fois moins... »).
- On peut utiliser des tableaux pour résoudre les situations et problèmes de proportionnalité.

Nombre de gâteaux	1	2	4	7
Prix (en €)	3	6	12	21

× 3

- Soit on connaît le **facteur de proportionnalité**, soit il va falloir le chercher. Le facteur de proportionnalité est le multiplicateur ou le quotient utilisé pour chaque donnée.
Exemple : Dans le tableau ci-dessus, le facteur de proportionnalité est × 3, car un gâteau coûte 3 € et on ajoute 3 € à chaque gâteau supplémentaire acheté.

1 Vrai ou faux. Ces situations sont des situations de proportionnalité.

a. Peter à 5 ans mesurait 1 m 15, à 10 ans il mesurait donc 1 m 35. ☐ Vrai ☐ Faux
b. Pour un litre d'essence, on doit payer 2 € et pour 10 litres, 20 €. ☐ Vrai ☐ Faux
c. 1 kg de pommes coûte 4 € et 2 kg de pommes coûtent 7 €. ☐ Vrai ☐ Faux
d. 1 mile est égal à 1,60 km et 2 miles correspondent à 3,2 km. ☐ Vrai ☐ Faux

2 Complète le tableau de proportionnalité.

Nombre de roses	2	4	5	7	9	11
Prix (en €)	6	12	....	....	....	....

× ....

3 Complète le tableau de proportionnalité en utilisant la division.

Nombre de personnes	5	....	....	....	....	....
Farine (en grammes)	250	550	1 500	1 000	400	300

÷ ....

4 Problème : Sur le marché, Miles repère des poires qui coûtent 3,50 € le kilo. Il hésite à en acheter 2 kg, 5 kg ou 4 kg.

a. Calcule combien lui coûtera chaque option.

....

....

....

b. Finalement, il paye 24,50 €. Combien a-t-il pris de kilos de poires ?

....

....

....

L'imparfait de l'indicatif

- L'**imparfait** est un temps du **passé** qui **décrit quelque chose ou quelqu'un** et qui **évoque des actions longues et/ou habituelles**.
- À l'imparfait, les verbes de tous les groupes ont **les mêmes terminaisons** :

*Je frapp**ais***	*Nous balanc**ions***
*Tu dorm**ais***	*Vous connaiss**iez***
*Elle regard**ait***	*Ils entend**aient***

- Certains **verbes en -er** ont une **particularité** :

– les **verbes en -ier** prennent **deux i** à la **1re** et à la **2e personne du pluriel** ;
*Exemple : plier → nous pli**ions**, vous pli**iez***
– les **verbes en -cer** prennent **un ç à toutes les personnes du singulier** et **3e du pluriel** ;
*Exemple : commencer → je commen**çais** ; tu commen**çais** ; il commen**çait** ; elles commen**çaient***
– les **verbes en -ger** prennent **un e après le g à toutes les personnes du singulier** et **à la 3e du pluriel**.
*Exemple : manger → je mang**eais** ; tu mang**eais** ; il mang**eait** ; elles mang**eaient***

⚠ Il y a des verbes avec des **particularités** : **être, avoir, faire, voir, prendre**...

1 Souligne tous les verbes conjugués à l'imparfait.

a. Tu manges – il mangera – vous mangiez – nous avons mangé – mangeons

b. Je vendais – tu vendras – vous avez vendu – vendez – elles vendent

c. Il apprendra – on apprenait – elle apprend – apprends – nous avons appris

2 Complète avec un pronom personnel qui convient.

a. .... bougeait **c.** .... lançais **e.** .... chantaient

b. .... payiez **d.** .... complétions **f.** .... cuisais

3 Conjugue les verbes à l'imparfait et à la personne demandée.

a. danser (tu) : ....

b. approcher (nous) : ....

c. étudier (vous) : ....

d. mentir (je) : ....

e. corriger (elle) : ....

f. charger (ils) : ....

4 Réécris les phrases suivantes à l'imparfait.

a. Les hommes de la municipalité arrangent les dégâts.

....

b. La foule en délire acclamera le super-héros.

....

c. Nous pourrons dormir sur nos deux oreilles.

....

Se repérer et se déplacer dans l'espace

- Le **quadrillage** est une première façon de se repérer dans l'espace. Pour cela, on place des **repères** (lettres et chiffres) sur l'axe horizontal et l'axe vertical. Les points d'intersection des lignes et des colonnes sont les **cases**. Les points d'intersection des lignes sont appelés des **nœuds**. Pour les placer, il faut deux coordonnées : une pour chaque axe.
- Pour **se déplacer sur un quadrillage**, on peut soit donner des **coordonnées**, soit utiliser des **flèches de direction**.
- Le **plan** est une deuxième façon de se repérer dans l'espace. C'est une **représentation schématisée** d'un espace, vu de dessus. On représente les éléments qui ne bougent pas (murs et meubles dans les plans de pièces, bâtiments et rues dans les plans de villes, etc.).

1 **Colorie les cases demandées en respectant les couleurs.**

	1	2	3	4	5
A					
B					
C					
D					
E					

A2 : bleu **C3 : vert** **D4 : violet**
E2 : orange **A5 : rouge** **D3 : rose**

2 **Place les nœuds en respectant les coordonnées suivantes.**

B2 ; C4 ; D1 ; B4 ; E3 ; A2

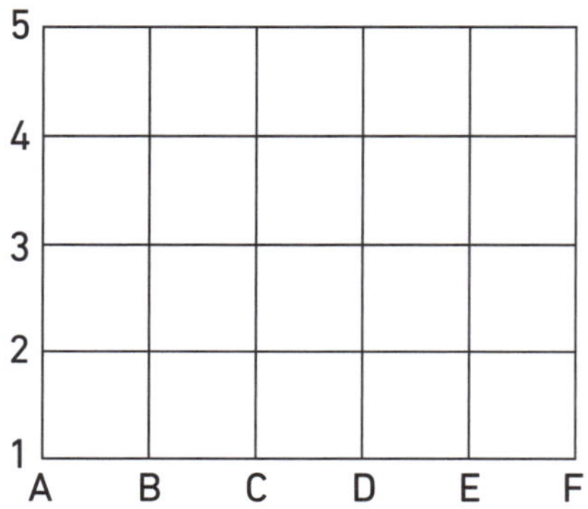

3 **Observe le plan de la ville et réponds aux questions.**

	A	B	C	D	E	F	G	H	I
1		Arbre		Mairie	Mairie			Boulangerie	
2				Mairie	Mairie		Boulangerie	Boulangerie	
3	École								
4	École	École					Stade	Stade	Stade
5				Arbre			Stade	Stade	Stade

a. Sur quelles cases se trouve la mairie ?

....

b. Que trouve-t-on en D5 ? ....

c. Par quelles cases peux-tu passer pour aller de l'école à la boulangerie ?

....

4 **Suis les instructions fléchées et trace le chemin pour aller de la case verte à la case rouge.**

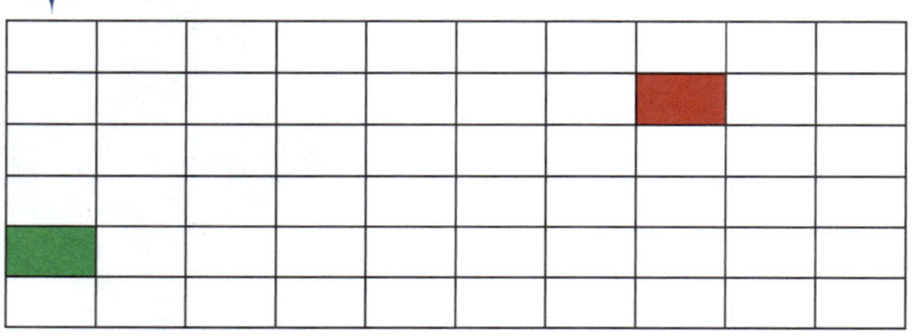

→→→↑↑→→↓→→→↑←↑

Spider-Jeux

La tête dans les pixels

Reproduis à l'identique le visage de Spider-Man à l'aide du quadrillage.

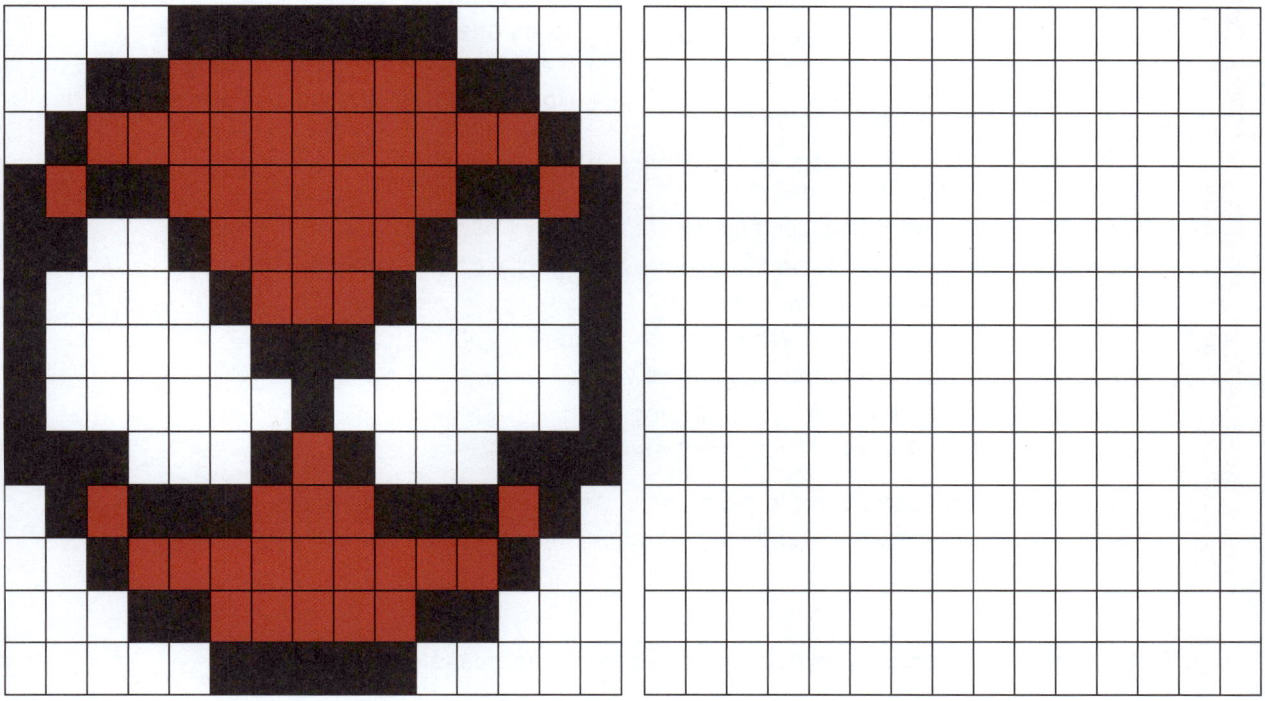

Mots croisés

Complète la grille de mots croisés.

Horizontalement

a. Je suis le contraire de « gentil ».
b. J'arrête les malfrats et les mets en prison.
c. Je suis le lieu où les scientifiques font des expériences.
d. J'ai 8 pattes et je ne suis pas un insecte.

Verticalement

1. Je suis super avec mes pouvoirs.
2. Je suis l'origine de la force des super-héros.
3. Je suis ce que tisse l'araignée.
4. Je suis une personne qui vient en aide aux gens.
5. Je suis rouge et bleu pour Spider-Man.

Français

33 Le passé composé

● Le **passé composé** est un temps du **passé** qui est composé d'un **auxiliaire conjugué au présent** (**être** ou **avoir**) et du **participe passé du verbe conjugué**.

Auxiliaire être	Auxiliaire avoir
Je suis allé(e)	**J'ai** pris
Tu es allé(e)	**Tu as** pris
Il est allé	**Elle a** pris
Nous sommes allé(e)s	**Nous avons** pris
Vous êtes allé(e)s	**Vous avez** pris
Ils sont allés	**Elles ont** pris

● **Les participes passés se terminent :**

– en **-é** avec tous les verbes du 1er groupe et les verbes *aller*, *être* et *naître* ;

Exemples : manger → mangé ; être → été ; naître → né

– en **-i** avec tous les verbes du 2e groupe et la plupart des verbes du 3e groupe en *-ir* ;

Exemples : finir → fini ; dormir → dormi

– en **-is** ou **-u** avec certains verbes du 3e groupe ;

Exemples : remettre → remis ; vouloir → voulu

– en **-t** avec certains verbes du 3e groupe.

Exemples : offrir → offert ; éteindre → éteint

⚠ Avec l'**auxiliaire *être***, le participe passé s'accorde avec le sujet.
*Exemple : Elles sont fatigu**ées**. (féminin pluriel)*

1 Relie le verbe conjugué au présent avec sa forme au passé composé.

Vous buvez •	• Il a blanchi
Nous pensons •	• Vous avez bu
Il blanchit •	• Ils ont vendu
Ils vendent •	• Nous avons pensé

2 Souligne dans le texte les verbes au passé composé.

Le Lézard s'est libéré des fils de Spider-Man. La lutte a été terrible ! Le Lézard est arrivé sur lui à folle allure. Il a essayé de mordre le héros. Heureusement, Spider-Man a versé le remède rapidement. Il a réussi. Nous n'en avons jamais douté !

3 Transforme les phrases suivantes au passé composé.

a. Le Lézard avale l'antidote. → ....

b. Il redevient petit à petit le professeur Connors. → ....

....

c. Nous n'en croyons pas nos yeux ! → ....

d. Vous trouvez cela incroyable. → ....

e. Lui et sa femme remercient Spider-Man. → ....

....

La symétrie axiale

- Un **axe de symétrie** est une ligne droite qui va partager une figure en deux. Les deux parties peuvent se superposer par pliage.
- Une figure peut avoir un ou plusieurs axes de symétrie, mais toutes les figures n'en ont pas forcément un.

Exemples :

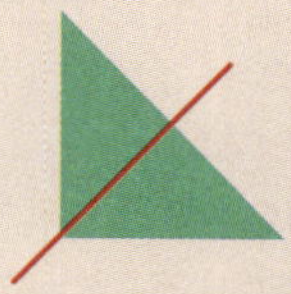

Ce triangle a 1 axe de symétrie.

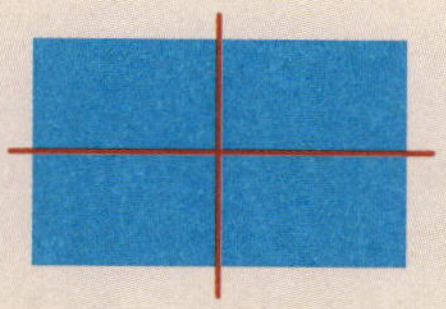

Ce rectangle a 2 axes de symétrie.

1 Trace les axes de symétrie de ces figures.

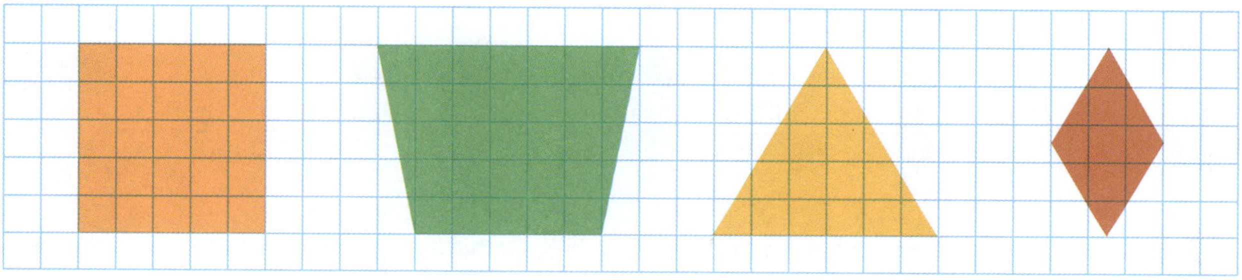

2 Entoure les figures qui ont un axe de symétrie (*d*) bien placé.

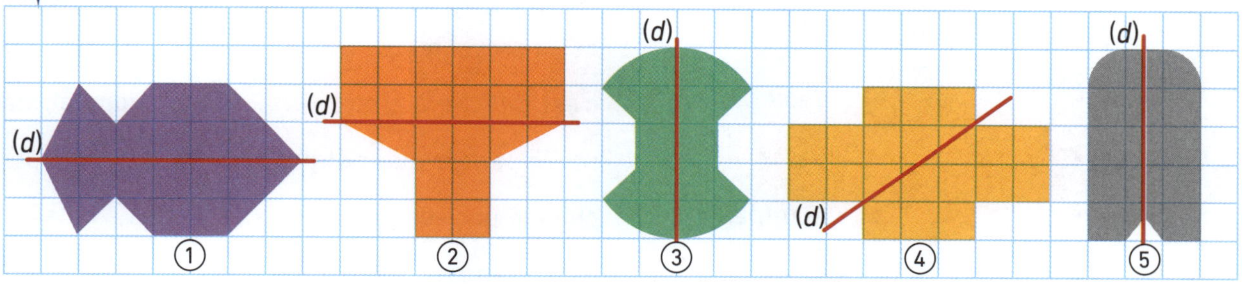

3 Complète cette figure pour que la ligne rouge soit un axe de symétrie.

Les verbes *être* et *avoir*

Les verbes **être** et **avoir** sont utilisés très fréquemment et ils servent à former les temps composés quand ils sont auxiliaires.

	Présent	**Imparfait** Radical (ét- ou av-) + terminaisons de l'imparfait	**Futur** Radical (ser- ou aur-) + terminaisons du futur	**Participe passé**
Être	Je **suis** Tu **es** Il/Elle/On **est** Nous **sommes** Vous **êtes** Ils/Elles **sont**	J'ét**ais** Tu ét**ais** Il/Elle/On ét**ait** Nous ét**ions** Vous ét**iez** Ils/Elles ét**aient**	Je ser**ai** Tu ser**as** Il/Elle/On ser**a** Nous ser**ons** Vous ser**ez** Ils/Elles ser**ont**	**été**
Avoir	J'**ai** Tu **as** Il/Elle/On **a** Nous **avons** Vous **avez** Ils/Elles **ont**	J'av**ais** Tu av**ais** Il/Elle/On av**ait** Nous av**ions** Vous av**iez** Ils/Elles av**aient**	J'aur**ai** Tu aur**as** Il/Elle/On aur**a** nous aur**ons** Vous aur**ez** Ils/Elles aur**ont**	**eu**

1 **Relie le pronom personnel au verbe qui convient.**

tu •	• ont
j' •	• ai
nous •	• avait
elles •	• seras
vous •	• sommes
il •	• aurez

2 **Complète avec les pronoms personnels sujets qui conviennent.**

.... serez surpris de sa force. .... est incroyable. .... auras beau le voir c'est difficile à croire. .... avons eu du mal à penser que c'était vrai. .... ai été choqué par ses pouvoirs. .... sont sûrs qu'il va sauver le monde.

3 **Souligne les verbes conjugués et indique pour chacun l'infinitif et le temps.**

La nuit est là. Peter et sa tante sont fatigués de leur journée.

....

« Heureusement que nous avons préparé à manger ! »,

....

pense Peter. Ils seront heureux de partager ce dîner.

....

Tante May avait une tarte en train de cuire au four.

....

Les angles

- Un **angle** est formé par **deux demi-droites qui se coupent**. Le **sommet** de l'**angle $\widehat{O}$** est le point d'intersection.

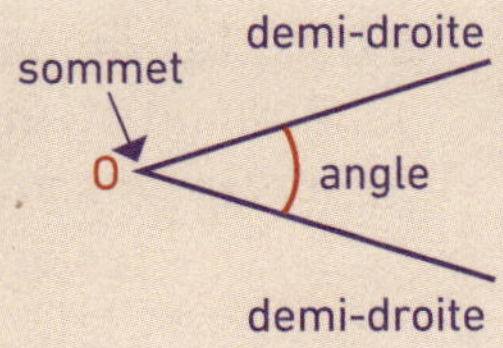

- Il existe **quatre angles différents** que l'on peut identifier à l'aide d'un gabarit en papier ou d'une équerre.

L'angle droit	L'angle plat	L'angle obtus	L'angle aigu
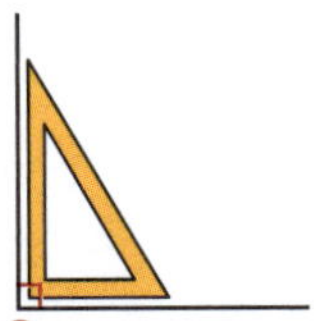 O	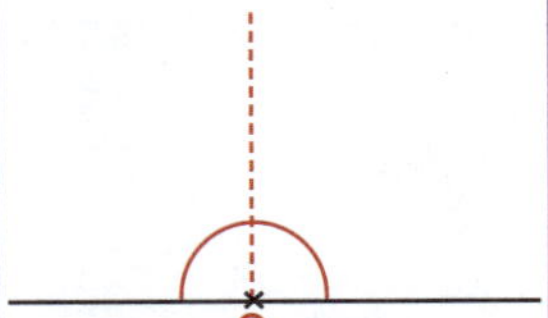 O	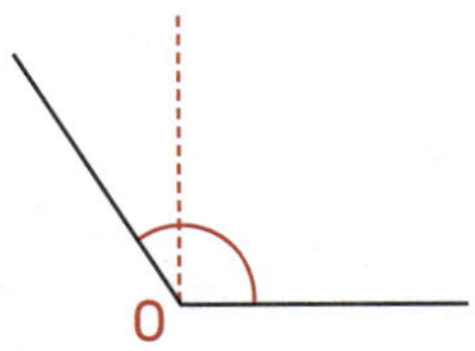 O	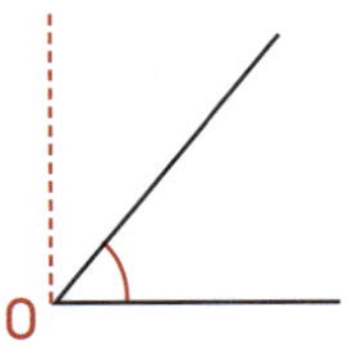 O
Les demi-droites sont perpendiculaires. On se sert de l'équerre pour vérifier un angle droit.	Cet angle représente deux angles droits.	Cet angle est plus grand que l'angle droit.	Cet angle est plus petit que l'angle droit.

1 **Retrouve tous les angles droits grâce à une équerre ou un gabarit et entoure-les. Ensuite, indique la nature de chaque angle.**

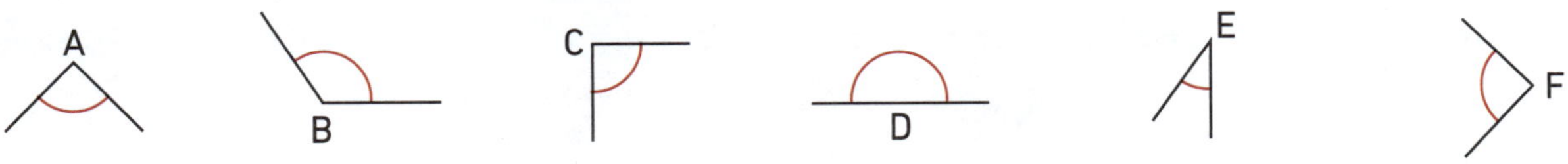

A est .... B est .... C est .... D est .... E est .... F est ....

2 **Trouve les paires d'angles identiques et entoure la lettre de la même couleur. Aide-toi d'un gabarit.**

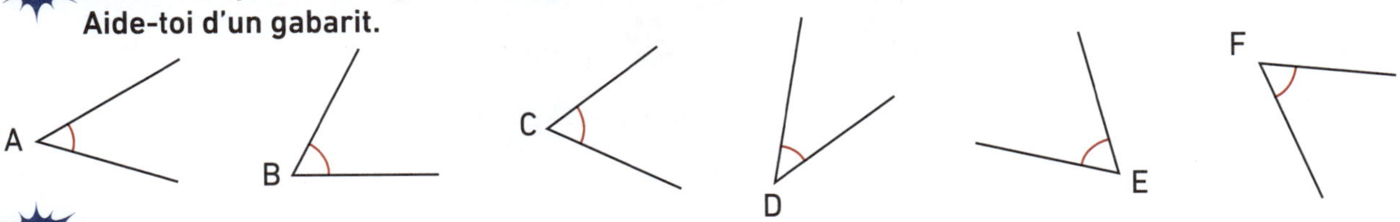

3 **Trace les angles demandés.**

Un angle obtus	Un angle aigu	Un angle droit

4 **a. Indique comment sont les angles de ce triangle.**

....

b. Que remarques-tu ? Aide-toi d'un gabarit.

....

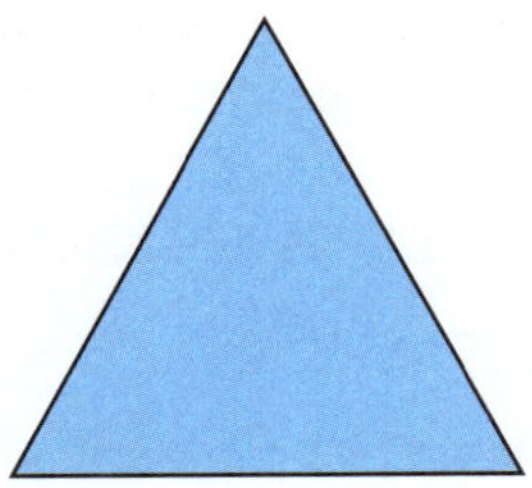

Français

37

Les accords dans le groupe nominal

- Dans le groupe nominal, il faut accorder le déterminant et l'adjectif **en genre** (masculin ou féminin) et **en nombre** (singulier ou pluriel) avec le nom.
Exemples : ***les grands immeubles*** *(masculin pluriel) ;* ***la petite maison*** *(féminin singulier) ;*
les petites fenêtres *(féminin pluriel).*

- Le **pluriel du nom** se repère avec le **-s** ou le **-x** à la fin de celui-ci.

- Pour le **féminin des adjectifs**, le plus souvent, on **ajoute un -e** à l'adjectif masculin. S'il se termine déjà par -e alors il ne change pas. Certaines consonnes finales peuvent changer :
– elle est doublée. *Exemple : gros → grosse*
– le -f devient -ve. *Exemple : vif → vive*
– le -x devient -se, -ce ou -sse. *Exemples : jaloux → jalouse ; doux → douce ; roux → rousse*
– le -et devient -ète ou -ette. *Exemples : discret → discrète ; coquet → coquette*
– le -er devient -ère. *Exemple : léger → légère*

- Pour le **pluriel des adjectifs**, le plus souvent, **on ajoute un -s**. Si l'adjectif se termine déjà par un -s ou un -x, il ne change pas. Il y a aussi des exceptions :
– les adjectifs qui se terminent en -eau font leur pluriel en -x. *Exemple : nouveau → nouveaux*
– la plupart des adjectifs en -al font leur pluriel en -aux. *Exemple : principal → principaux*
Sauf : banals, bancals, fatals, glacials, natals, navals.

1 **Classe les groupes nominaux dans le tableau.**

un héros courageux | une ville sauvée | des adolescents incroyables | des familles rassurées

	Singulier	Pluriel
Masculin	....	....
Féminin	....	....

2 **Écris ces groupes nominaux au féminin.**

a. un policier élégant

....

b. un vrai voleur

....

c. un méchant encombrant

....

3 **Écris ces groupes nominaux au pluriel.**

a. un passant affolé

....

b. un animal effrayé

....

c. un nouveau personnage

....

4 **Indique le genre (M = masculin et F = Féminin) et le nombre (S = singulier et P = pluriel) des groupes nominaux soulignés.**

Miles est <u>un jeune adolescent</u> (...... ; ......). Il se promène au zoo parmi <u>les animaux incroyables</u> (...... ; ......) : <u>les girafes élancées</u> (...... ; ......), <u>les tigres féroces</u> (...... ; ......), <u>un loup et une louve gris</u> (...... ; ......), etc. Avec son ami, ils repèrent <u>une chose étrange</u> (...... ; ......).

Les droites perpendiculaires et les droites parallèles

● **Les droites perpendiculaires**
Ce sont des droites qui se coupent en formant un **angle droit**. Pour tracer ou pour vérifier que deux droites sont perpendiculaires, on utilise l'**équerre**.

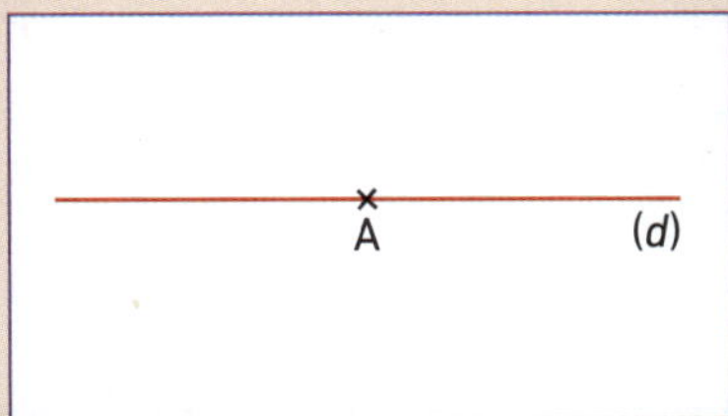	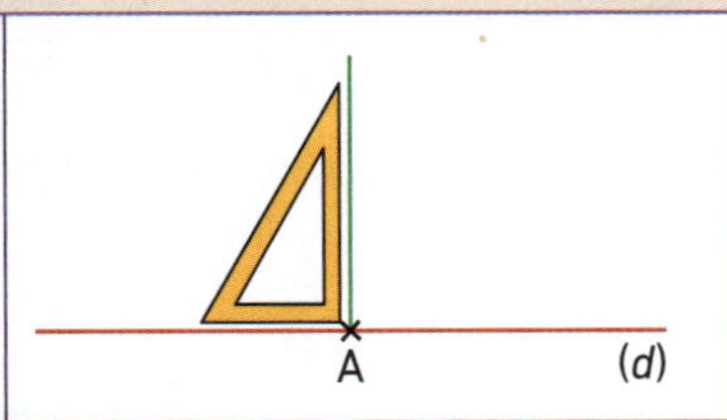	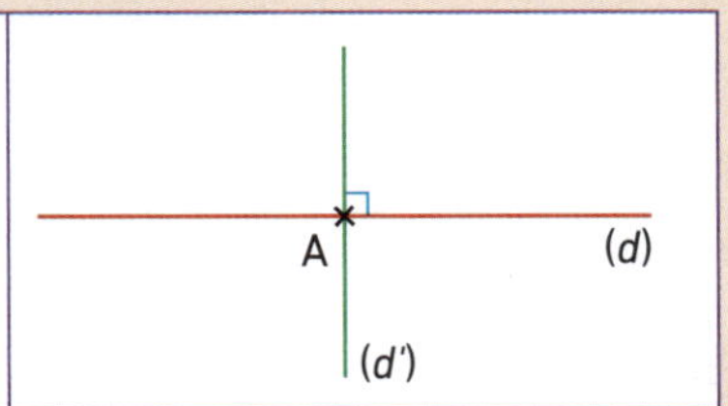
On trace une droite (*d*) et on marque un point dessus.	On place l'équerre le long de la droite (*d*) avec l'angle droit sur le point A.	On prolonge la droite (*d'*) que l'on vient de tracer.

● **Les droites parallèles**
Ce sont des droites qui **ne se couperont jamais**. Si deux droites sont parallèles, elles sont toutes les deux perpendiculaires à une troisième droite.
Pour vérifier que deux droites sont parallèles, on peut donc tracer cette troisième droite. Pour tracer des parallèles, on utilise la **règle** et l'**équerre**.

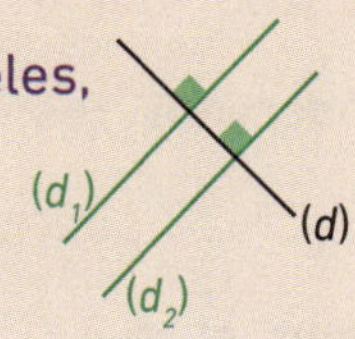

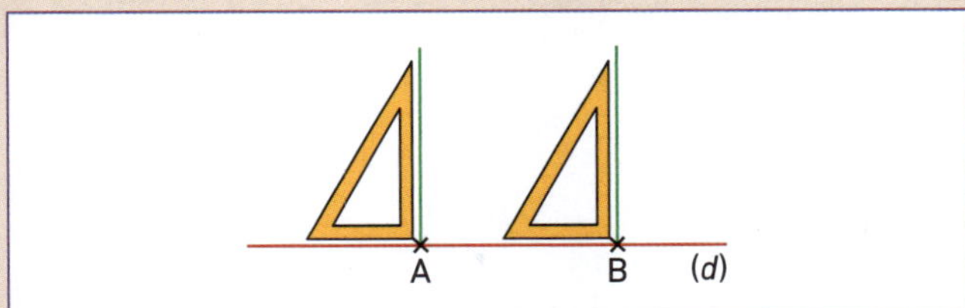	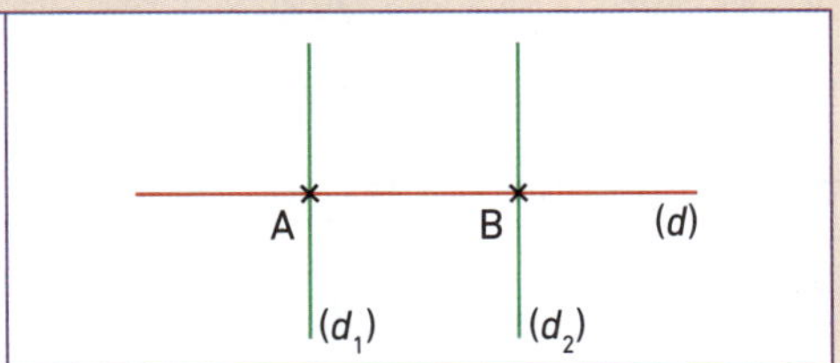
On trace une droite (*d*) et on marque deux points sur cette droite. On trace deux perpendiculaires.	On prolonge les deux droites (d_1) et (d_2) qui sont parallèles.

1 **Repasse en rouge les droites perpendiculaires et en bleu les droites parallèles.**
Note les angles droits.

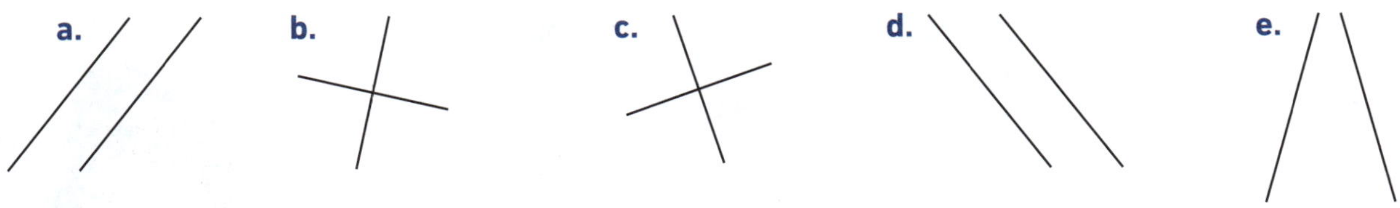

2 **Trace les droites perpendiculaires à la droite (*d*) passant par les points A, B et C.**

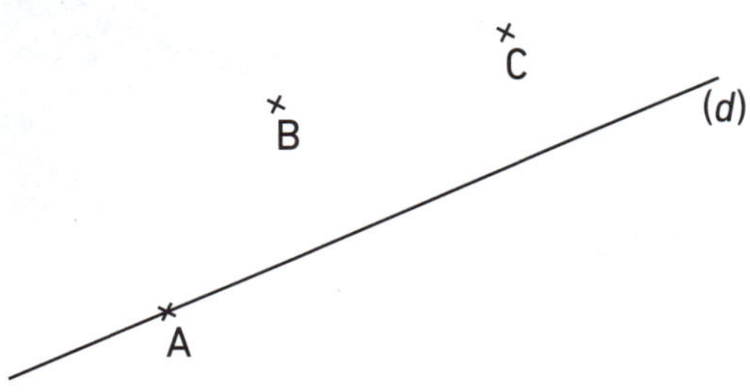

3 **Trace les droites parallèles à la droite (*d*) qui passe par les points D, E, F.**

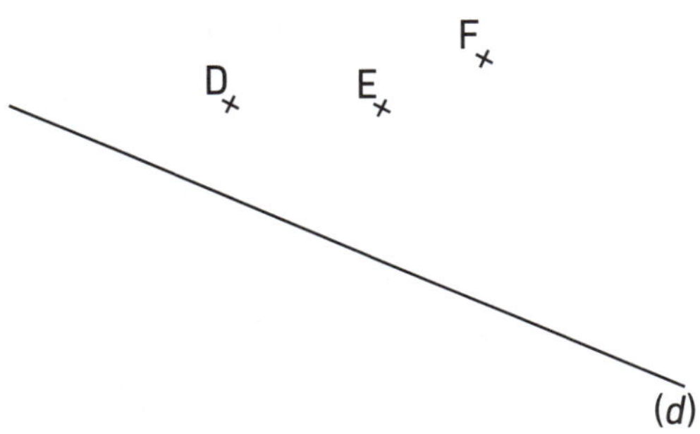

Français
39 L'accord du verbe avec le sujet

- Quels que soient le temps et le mode, **le verbe s'accorde toujours avec le sujet.**
- Pour accorder plus facilement le verbe, il est possible, dans sa tête, de **remplacer le sujet par un pronom personnel.**

Exemples : ***Le bus*** *s'arrête devant le zoo. →* ***Il*** *s'arrête.*
Les bus *s'arrêtent devant le zoo. →* ***Ils*** *s'arrêtent.*
Ma sœur et moi *visitons le zoo. →* ***Nous*** *visitons.*

1 Remplace dans chaque phrase le sujet en gras par un pronom personnel.

Miles (..................) se promène dans les allées du zoo. **Lui et son meilleur ami** (..................) observent les animaux. **Ta famille et toi** (..................) pourriez faire la même activité. **Ma sœur et moi** (..................) adorons les animaux. Par exemple, **les girafes** (..................) sont impressionnantes par leur taille.

2 Entoure le verbe qui convient à chaque fois.

Pendant que ta famille et toi vous **baladerez** / **baladerons**, ta mère **pourra** / **pourront** prendre des photos. Parfois, les singes **aime** / **aiment** bien poser. C'est assez drôle, je **trouves** / **trouve** ! Elles **serons** / **seront** un bon souvenir de cette journée.

3 Barre le sujet qui ne convient pas.

Miles et son ami repèrent quelque chose d'étrange. **Il** / **Ils** sont surpris. **Les animaux** / **L'animal** semblent affolés. **Les tigresses** / **La tigresse** sont énervées. **Elle** / **Elles** foncent droit sur eux. Que crois-**il** / **tu** qu'il se passe ? Est-ce que **vous** / **nous** devrions être inquiets pour eux ? **Je** / **Tu** pense que oui, cela semble dangereux.

4 Conjugue le verbe entre parenthèses au présent et accorde-le avec son sujet.

Le terrible Rhino **(sortir)** .... de la forêt. C'est un super-vilain ! Il **(porter)** .... une armure de rhinocéros. L'**(avoir)** ....-tu déjà vu ? Avec tes amis, le **(connaître)** ....-vous ? Il **(être)** .... féroce. Il **(foncer)** .... sur Miles et son ami. Ils **(être)** .... pris au piège !

5 Vrai ou faux. Indique la bonne réponse.

a. Le sujet « **les louves** » peut être remplacé par **elle**. ☐ Vrai ☐ Faux
b. Le sujet « **mon frère et moi** » peut être remplacé par **nous**. ☐ Vrai ☐ Faux
c. Le sujet « **les girafes** » peut être remplacé par **ils**. ☐ Vrai ☐ Faux
d. Le sujet « **ton père et toi** » peut être remplacé par **vous**. ☐ Vrai ☐ Faux

Les polygones

● Les **polygones** sont des figures géométriques formées par une **ligne brisée fermée**. Ils possèdent donc **plusieurs côtés**.

● Ils ont des **noms différents** selon leur **nombre de côtés**.

3 côtés	4 côtés	5 côtés	6 côtés	8 côtés
Triangle	**Quadrilatère**	**Pentagone**	**Hexagone**	**Octogone**

● Certains polygones sont des polygones dits **particuliers**.

Les **triangles** ont toujours 3 côtés, 3 sommets et 3 angles.	**Triangle isocèle** 2 côtés égaux	**Triangle rectangle** 1 angle droit	**Triangle équilatéral** 3 côtés égaux
Les **quadrilatères** ont toujours 4 côtés, 4 sommets et 4 angles.	**Carré** 4 côtés égaux et 4 angles droits	**Rectangle** Côtés opposés égaux et 4 angles droits	**Losange** 4 côtés égaux, mais pas d'angle droit

1 **Vrai ou faux. Indique la bonne réponse.**

a. Un quadrilatère a toujours un angle droit. ☐ Vrai ☐ Faux

b. Le cercle est un polygone. ☐ Vrai ☐ Faux

c. Un pentagone a 5 côtés et 5 sommets. ☐ Vrai ☐ Faux

2 **Observe cette figure et complète le tableau.**

Figures	Nombre de sommets	Nombres de côtés	Nom
bleu			
vert foncé			
rose			
jaune			
rouge			
vert clair			
violet			

3 **Trace à partir des droites un quadrilatère, un triangle, un pentagone et un rectangle.**

Ma lecture

Visite chez le Docteur

Depuis plusieurs nuits Peter ne dort pas très bien. Le manque de sommeil impacte son rôle de Spider-Man. Même la police l'a remarqué. Il décide alors de consulter un docteur un peu spécial, une connaissance qui pourra l'aider. Il s'agit de Docteur Strange, spécialiste des rêves et de l'esprit humain. Docteur Strange comprend tout de suite que ce qui occupe les nuits de Spider-Man, ce ne sont pas des rêves, mais plutôt des cauchemars. Il se rend compte rapidement que tout ceci est lié à une puissance surnaturelle. En effet, pour étudier les cauchemars de Spider-Man, il utilise un objet magique appelé l'œil d'Agamotto et détecte cette énergie négative anormale. Il décide donc de l'accompagner dans ses cauchemars pour lui apprendre à contrôler ses rêves et à reprendre le pouvoir.

1 Vrai ou faux. Coche la bonne réponse.

a. Spider-Man a un problème, il a la grippe. ◯ Vrai ◯ Faux

b. Le docteur lui donne des médicaments pour le soigner. ◯ Vrai ◯ Faux

c. La police a aussi remarqué l'état de fatigue de Spider-Man. ◯ Vrai ◯ Faux

2 Souligne les extraits du texte qui te permettent de répondre à ces questions.

a. Quelles sont les spécialités de Docteur Strange ? ....

b. Avec quel objet mystérieux parvient-il à analyser les rêves et les cauchemars ?

....

c. À quoi sont dus les cauchemars de Spider-Man ? ....

d. Qu'apprend Docteur Strange à Spider-Man ? ....

3 Et toi, peux-tu raconter l'un de tes meilleurs rêves ?

....

....

....

....

L'infinitif en *-er* et le participe passé en -é

● L'**infinitif en -er** est celui des **verbes du 1er groupe**. Quand il y a un doute sur l'orthographe de la fin d'un verbe dans une phrase, on peut donc essayer de **remplacer le verbe par un verbe d'un autre groupe à l'infinitif**. Si cela fonctionne, alors le verbe est à l'infinitif, sinon il est au participe passé.

*Exemples : Il a voulu **manger** une crêpe. → Je remplace le verbe par « sortir ».*
*Il a voulu **sortir**... Cela fonctionne donc on écrit bien **« manger »** avec **-er**.*

● Le **participe passé** se termine le plus souvent en **-é**. Il est utilisé quand le verbe est conjugué à **un temps composé** comme le passé composé. Nous avons vu que les **temps composés** utilisent les **auxiliaires *être* et *avoir*** :

– avec l'auxiliaire ***être***, le participe passé s'accorde en genre et en nombre ;
Exemple : Les cages sont nettoyées.
– **utilisé comme un adjectif**, le participe passé s'accorde aussi en genre et en nombre.
Exemple : Une avenue éclairée.

1 **Entoure les mots en gras en bleu si ce sont des infinitifs et en vert si ce sont des participes passés.**

Ils se sont **précipités** vers la sortie pour **échapper** à Rhino. Trop tard ! Le féroce vilain essaie de les **attraper**. Spider-Man vient d'**arriver**. Il a **écouté** les cris pour **trouver** d'où venait le problème. Il a **décidé** de **défier** l'énorme brute. Il a **essayé** d'**attirer** son regard. La lutte est **compliquée**.

2 **Entoure le mot qui convient pour remplacer le verbe « sortir » dans ces phrases.**

a. Les animaux se sont **sortis** de leur enclos. → **sauver** / **sauvés**

b. Miles et son ami ne peuvent pas **sortir** par devant. → **s'échapper** / **s'échappés**

c. Spider-Man a **sorti** sa tenue. → **enfilé** / **enfiler**

d. Il va devoir **sortir** toute sa force. → **utiliser** / **utilisé**

3 **Complète avec l'infinitif ou le bon participe passé. Attention aux accords s'il y en a.**

Rhino est **arriv**........ au zoo. Il a **libér**........ tous les animaux. Il a **effray**........ toutes ces bêtes pour **cré**........ un climat de panique. Il a **repér**........ deux jeunes qu'il souhaite **attaqu**........ . Heureusement, Spider-Man vient d'**arriv**........ pour les **sauv**......... Même si la tâche est **compliqu**........, la lutte est **amorc**......... Spider-Man n'a pas **hésit**........ une seule seconde. Pourtant, face à ce monstre féroce, il n'est pas **rassur**......... Ce n'est pas la première fois qu'il doit se **débrouill**........ seul face à un méchant. Mais là, il aurait bien besoin de quelqu'un sur qui **s'appuy**.........

Maths

42 Les cercles

● Le **cercle** est une **ligne courbe fermée** dont tous les points sont situés à égale distance du **centre O**. La surface intérieure du cercle est appelée disque.

● [OA] est un **rayon** du cercle. Il en existe une infinité. C'est un segment reliant un point du cercle et le centre.

● [BC] qui passe par le centre O est un **diamètre** du cercle. Il en existe aussi une infinité. C'est un segment reliant deux points situés sur le cercle et passant par le centre O. C'est le **double du rayon**.

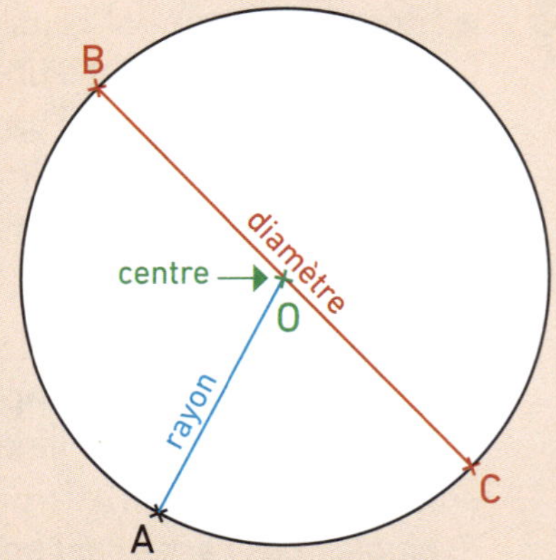

● Pour construire un cercle, on utilise un **compas**. La pointe du compas va donner l'emplacement du centre du cercle et la mesure d'écartement du compas va donner le rayon. On peut mesurer l'écartement à la règle avant de tracer.

1 Vrai ou faux. Observe et indique la bonne réponse.

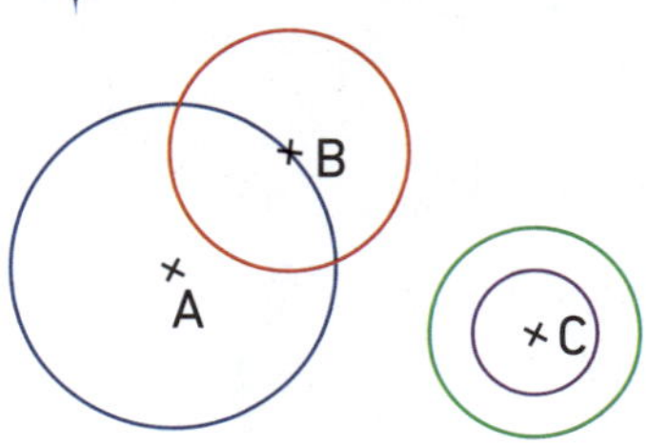

a. B est le centre du cercle violet. ☐ Vrai ☐ Faux

b. C est le centre du cercle vert. ☐ Vrai ☐ Faux

c. [AB] est un rayon. ☐ Vrai ☐ Faux

d. Les cercles vert et violet ont le même centre. ☐ Vrai ☐ Faux

e. Les cercles vert et violet ont les mêmes rayons. ☐ Vrai ☐ Faux

2 Observe et complète ces affirmations.

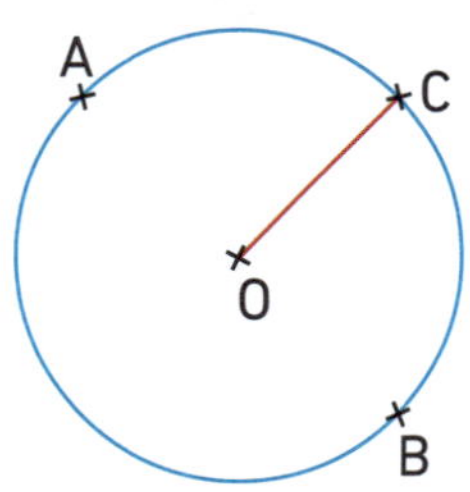

a. Le segment [OC] est le .... du cercle.

b. Le point O est le .... du cercle.

c. Si je trace [AB], j'obtiens le .... du cercle.

d. Le rayon du cercle mesure .... cm.

3 Trace un cercle de centre O et de rayon 2 cm.

×
O

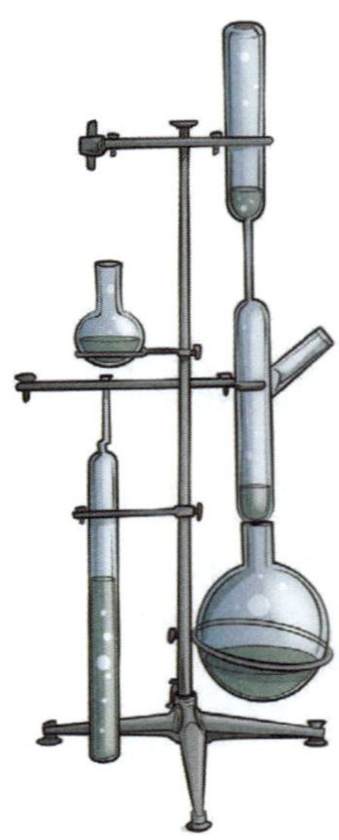

Les homophones grammaticaux : on/ont, as/a/à

- Les **homophones** sont des mots qui **se prononcent pareil**, mais ne s'écrivent pas de la même façon et ne se rapportent pas à la même chose.
- Les homophones grammaticaux **as/a** et **à** :

– **as/a** est le **verbe *avoir* au présent à la 2e et à la 3e personne du singulier**. Dans une phrase, il peut être remplacé par la forme à l'imparfait « avais / avait » ;
*Exemple : Il **a** de la volonté. → Il **avait** de la volonté.*
– si on ne peut pas remplacer par l'imparfait « avais / avait », alors il s'agit de la **préposition à** avec un accent grave.
*Exemple : Il va **à** l'école.*

- Les homophones grammaticaux **on** et **ont** :

– **ont** est le **verbe *avoir* au présent à la 3e personne du pluriel**. Dans une phrase, il peut être remplacé par la forme à l'imparfait « avaient » ;
*Exemple : Ils **ont** fui rapidement. → Ils **avaient** fui rapidement.*
– si on ne peut pas remplacer par l'imparfait « avaient », alors il s'agit du **pronom personnel on**. Il est toujours **près d'un verbe conjugué** et peut être **remplacé par « il » ou « elle »**.
*Exemple : **On** n'en revient pas ! → **Elle** n'en revient pas.*

1 **Entoure les différentes formes du verbe *avoir*.**

Miles et son ami ont essayé de fuir. Mais Rhino a surgi si rapidement qu'ils n'ont pas eu le temps de se cacher. Il a repéré les deux adolescents et fonce droit sur eux. Ils ont beau regarder autour d'eux, ils ne trouvent pas de solution de sortie. Spider-Man a débarqué de nulle part. Ils ont une chance incroyable. Ils ont eu chaud.

2 **Choisis a ou à pour compléter les phrases.**

Il .... entendu des bruits. Il ne voyait rien dans les 2 km .... la ronde. Mais quand il .... reconnu les bruits d'animaux, il .... compris. Il s'est rendu .... la ménagerie du zoo. C'est là qu'il .... aperçu Rhino et les deux adolescents coincés derrière lui. Miles lui .... dissimulé un secret. Il .... besoin de se cacher avec son sac. Il .... une tenue de super-héros. Il réussit .... l'enfiler.

3 **Choisis ont ou on et complète la phrase.**

Spider-Man n'en revient pas. Ils .... la même tenue, la même allure. Ils .... aussi les mêmes pouvoirs. .... pourrait se méprendre si les costumes n'avaient pas des couleurs différentes. .... dirait des doubles. Ils .... décidé de s'allier contre Rhino. .... assiste à une rencontre invraisemblable. .... se doute qu'à deux, ils .... plus de chance de gagner.

Maths

44 Reproduire et construire des figures

- Pour reproduire une figure, il faut commencer par l'**observer** et **relever ses particularités** : figures reconnaissables (carré, triangle, etc.), nombre de côtés, angles droits et mesure des côtés pour voir s'il y a des côtés égaux ou non. Il faut ensuite choisir le ou les **outils nécessaires au tracé** (règle, équerre, compas) et établir un **ordre de réalisation**.
Au fur et à mesure du tracé, on procède à des vérifications.

- Pour suivre un **programme de construction**, il faut :
– **lire le programme** de construction en entier et plusieurs fois si besoin ;
– **identifier les outils** nécessaires selon les étapes ;
– **construire** la figure **en suivant les étapes dans l'ordre donné**.

1 Reproduis cette figure.

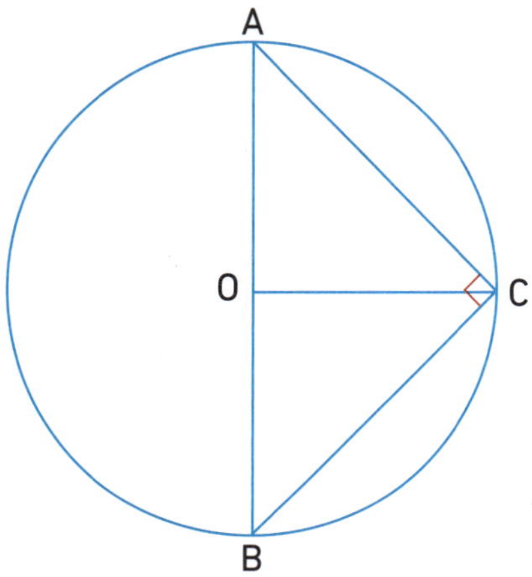

2 Complète le programme de construction pour cette figure.

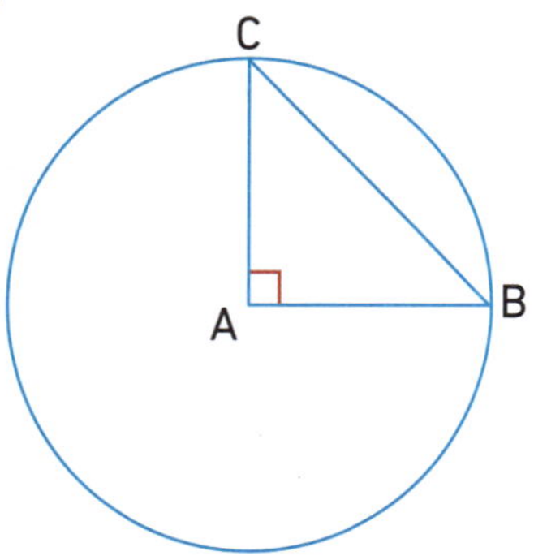

1. Trace le segment [AB] de 2 cm.

....

....

....

....

....

3 Trace la figure qui correspond à ce programme de construction.

1. Trace un carré ABCD de 2 cm de côté.
2. Trace un triangle équilatéral AEB.
3. Trace un cercle de centre A et de rayon [AE].
4. Trace un rectangle BFGC avec des côtés de 4 cm.

Les homophones grammaticaux : es/est/et, sont/son

● Les homophones grammaticaux **es/est** et **et** :
– **es/est** est le **verbe *être* au présent à la 2e et à la 3e personne du singulier**.
Dans une phrase, il peut être remplacé par la forme à l'imparfait « étais / était » ;
Exemple : Il ***est*** *volontaire. → Il* ***était*** *volontaire.*
– si on ne peut pas remplacer par l'imparfait « étais / était », alors il s'agit de la **conjonction de coordination** **et** que l'on peut remplacer par « et puis ».
Exemple : Il va à l'école ***et*** *sauve le monde. → Il va à l'école* ***et puis*** *sauve le monde.*

● Les homophones grammaticaux **sont** et ***son*** :
– **sont** est le **verbe *être* au présent à la 3e personne du pluriel**. Dans une phrase, il peut être remplacé par la forme à l'imparfait « étaient » ;
Exemple : Ils ***sont*** *cernés → Ils* ***étaient*** *cernés.*
– si on ne peut pas remplacer par l'imparfait « étaient », alors il s'agit du **déterminant possessif son**. Il est placé devant un nom commun et peut être remplacé par un autre déterminant possessif.
Exemple : Il aime ***son*** *costume. → Il aime* ***mon*** *costume.*

1 **Entoure les formes du verbe *être*.**

Miles est un Spider-Man noir et rouge. Il est semblable à notre Spider-Man. Ensemble, ils sont bien décidés à battre Rhino. Ils sont tout de même pris de court par sa force monumentale. Spider-Man est dépassé.

2 **Recopie les phrases en changeant les déterminants possessifs par son et le verbe *être* à l'imparfait par sont ou est (présent).**

Mon costume de Spider-Man était noir et rouge. Il était dans mon sac. Le costume et le masque étaient en matière spéciale. Ils étaient faits pour être plus résistants. Il était important d'être bien protégé. Mon avenir était lié à la solidité de mon habit pour combattre les méchants dans les meilleures conditions.

....

....

....

....

....

....

3 **Complète ces phrases avec et ou est, et avec son ou sont.**

Ils .... dans une mauvaise passe. Ils .... déconcentrés par un gros problème. Les animaux .... en train de s'enfuir du zoo. Les plus féroces comme les tigres .... les lions .... presque sortis. Miles décide avant tout de mettre .... ami à l'abri, car il .... terrifié.

Les solides

● Les **solides** sont des **formes géométriques en volume**, c'est-à-dire **en relief**. Ils sont composés de **faces**, d'**arêtes** et de **sommets**.

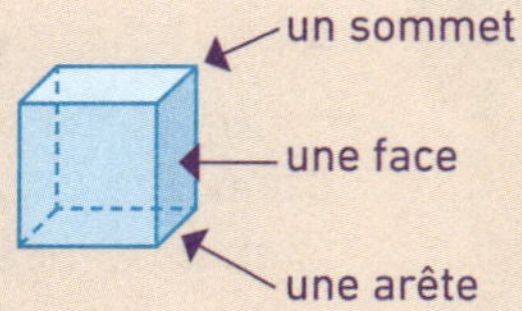

● Les solides dont toutes les faces sont des polygones sont appelés des **polyèdres**.

Le cube – 6 faces carrées identiques. – 12 arêtes de même longueur. – 8 sommets. 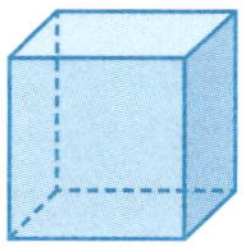	**La pyramide (base triangulaire et base carrée)** – 4 faces triangulaires ou 4 faces triangulaires et 1 carrée. – 6 arêtes ou 8 arêtes. – 4 sommets ou 5 sommets. 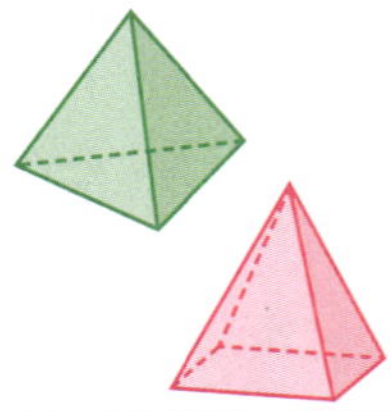
Le pavé droit – 6 faces rectangulaires ou 4 faces rectangulaires et 2 carrées. – 12 arêtes. – 8 sommets. 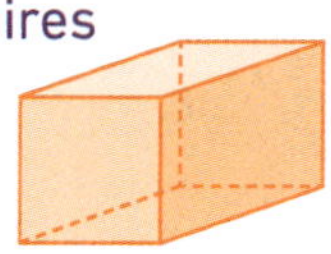	**Le prisme droit** 2 faces opposées identiques (les bases) et les autres faces sont soit carrées, soit rectangulaires. Arêtes et sommets qui varient en fonction du nombre de côtés des bases. 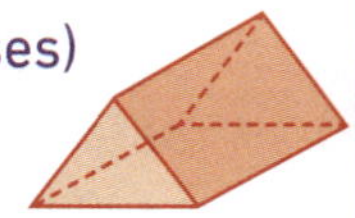

● Pour construire un solide, on fabrique un patron. Chaque solide a plusieurs patrons.

1 **Indique les formes et le nombre des faces des solides suivants.**

	A	B	C	D
Carrées				
Rectangulaires				
Triangulaires				
Hexagonales				

A
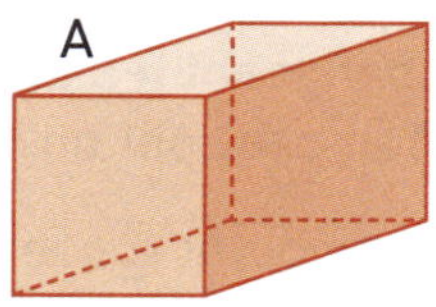
B
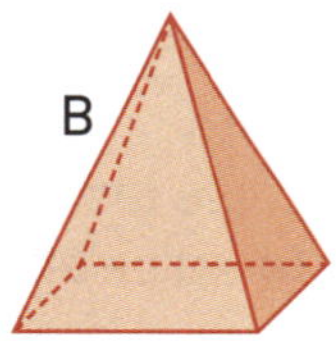
C
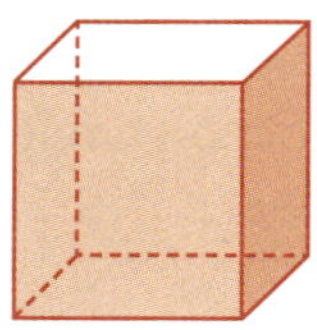
D
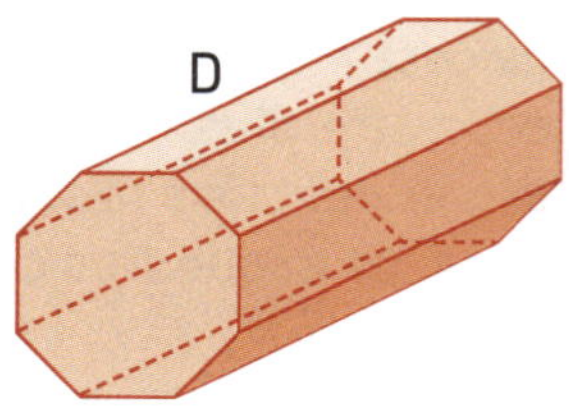

2 **Entoure les lettres des patrons qui sont des patrons de pavés.**

A
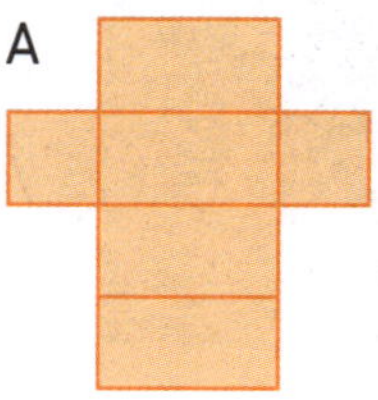
B
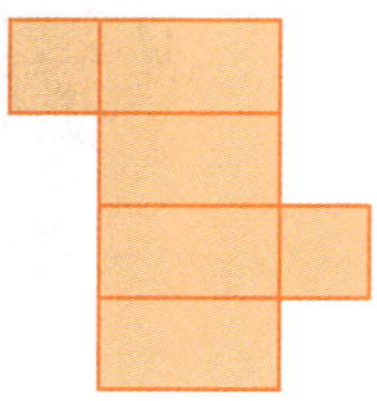
C
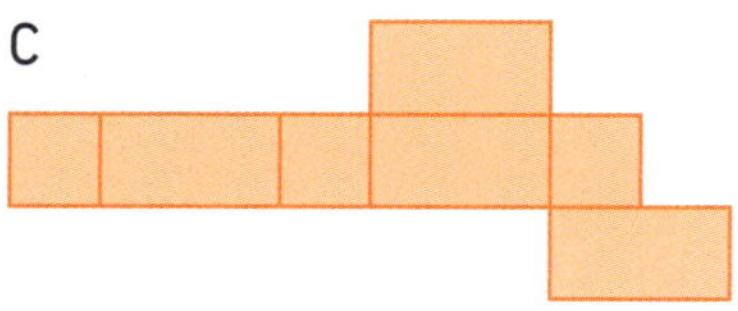
D
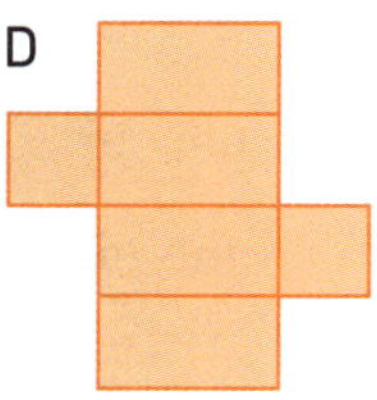
E
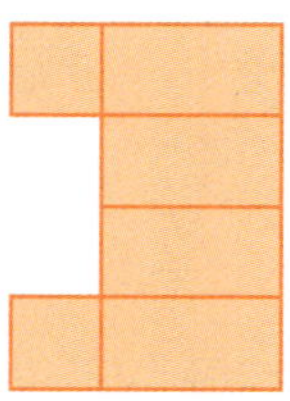

Utiliser le dictionnaire

- Pour utiliser un dictionnaire, on a recours à l'**ordre alphabétique**. C'est dans cet ordre que les mots sont rangés.
- Pour se repérer dans le dictionnaire, il faut se servir des **mots repères** en haut de chaque page. À gauche, c'est le premier mot de la double page et à droite, le dernier mot. On regarde si le mot recherché se situe entre les deux mots, et donc s'il est sur la page.
- Parfois, grâce à des **abréviations**, le dictionnaire va indiquer la **nature des mots** :
  - **n. m.** pour « **nom masculin** » ;
  - **n. f.** comme « **nom féminin** » ;
  - **adj.** comme « **adjectif** » ;
  - **adv.** comme « **adverbe** ».
- Pour chercher un mot, il faut se rappeler que les **verbes** sont à l'infinitif, les **noms** au singulier et les **adjectifs** au masculin singulier.

1 **Recopie chaque liste en plaçant le mot en gras à la bonne place avec l'ordre alphabétique.**

a. **lion** → aigle – babouin – girafe – loup – rhinocéros – tigre

....

b. **pizza** → donuts – hamburger – hot-dog – muffin – pancake – wrap

....

....

c. **force** → courage – facilité – fierté – fortune – fougue – franchise

....

....

2 **Barre dans la liste le mot qui n'est pas placé avant le mot en gras dans le dictionnaire.**

a. **institution** → instinct – institut – instinctivement – instituer – institutrice

b. **champignon** → chamois – champêtre – champagne – championnat – champ

3 **Lis bien cette définition issue d'un dictionnaire et réponds aux questions.**

héros, héroïne (nom)
1 Personne qui se distingue par son héroïsme.
*Il s'est conduit en **héros** en sauvant plusieurs personnes de la noyade.* […]
2 Personnage principal d'une histoire.
D'Artagnan est le héros du roman Les Trois mousquetaires.

Dictionnaire Hachette Junior CE-CM, Hachette Éducation.

a. Quel est la nature du mot ? ....

b. Recopie la première phrase exemple.

....

....

....

c. Quel est le féminin de ce mot ? ....

d. Le féminin de ce mot se range-t-il par ordre alphabétique avant ou après le masculin ?

....

Maths

48 Les longueurs

● Pour **mesurer** des longueurs, on utilise une **règle** dont l'unité de mesure est souvent le centimètre (cm).

● Pour **comparer ou reporter** des mesures, on utilise le **compas**.

● Pour **comparer ou calculer** des mesures, il faut qu'elles soient dans la même unité. Il faut donc parfois les convertir.

● Pour faciliter la conversion, on utilise un tableau dans lequel on place :
– l'unité de mesure principale au centre, le **mètre (m)** ;
– les sous-multiples du mètre, plus petits que celui-ci, que l'on place à droite, avec **1 m = 10 dm = 100 cm = 1 000 mm** ;
– les multiples du mètre, plus grands que celui-ci, que l'on place à gauche, avec **1 km = 10 hm = 100 dam = 1 000 m**.

Multiples du mètre			**mètre m**	**Sous-multiples du mètre**		
kilomètre km	hectomètre hm	décamètre dam		décimètre dm	centimètre cm	millimètre mm
			1	0	0	0
1	0	0	0			

1 **Sans mesurer, mais à l'aide de ton compas, complète les phrases suivantes.**

a. Le segment le plus petit est ....

b. Le segment le plus grand est ....

c. Les segments identiques sont ....

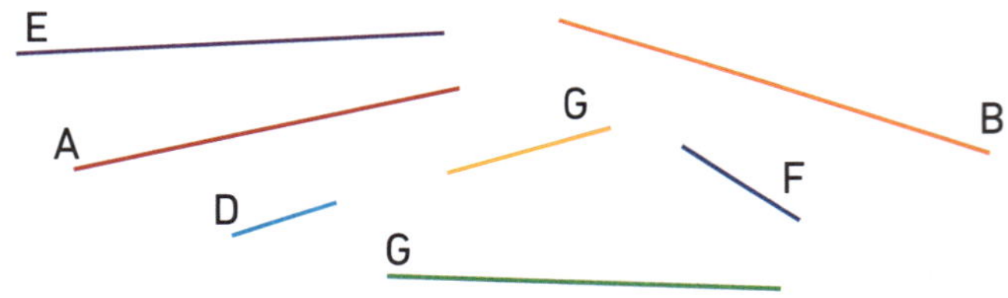

2 **Convertis ces mesures de longueurs dans l'unité demandée.**

a. 72 dam = ... m

b. 75 hm = ... dm

c. 5 km = ... m

d. 4 750 cm = ... dam

e. 36 m = ... cm

f. 25 dm = ... m

g. 3 km et 5 m = ... hm

h. 87 000 m = ... km

3 **Complète avec < ou > ou =.**

a. 5 km .... 5 hm

b. 300 mm .... 3 dm

c. 36 hm .... 3 700 m

d. 820 m .... 8 dam et 2 m

e. 45 m .... 420 cm

f. 43 hm et 72 dm .... 4 372 dm

g. 36 dm .... 360 cm

h. 220 km .... 2 200 m

Spider-Jeux

Les mots cachés

Retrouve tous les mots dans la grille.

L	K	Y	T	O	I	L	E	N	Z	S
C	A	F	A	R	A	I	G	N	E	E
O	M	B	J	I	S	H	H	Z	N	Q
S	E	J	O	I	R	M	E	M	D	U
T	C	S	R	R	S	L	R	X	P	V
U	H	A	Q	H	A	O	O	P	W	C
M	A	U	U	O	M	T	S	O	P	Q
E	N	V	D	H	M	M	O	L	O	L
U	T	E	P	O	U	V	O	I	R	T
J	Y	U	X	L	Z	B	D	C	R	C
U	K	R	Y	C	L	K	U	E	O	E

ARAIGNÉE
LABORATOIRE
HÉROS
POLICE
MÉCHANT
COSTUME
TOILE
SAUVEUR
POUVOIR

L'araignée

Trouve les quatre intrus qui n'appartiennent pas au monde de Spider-Man dans tous ces noms de personnages.

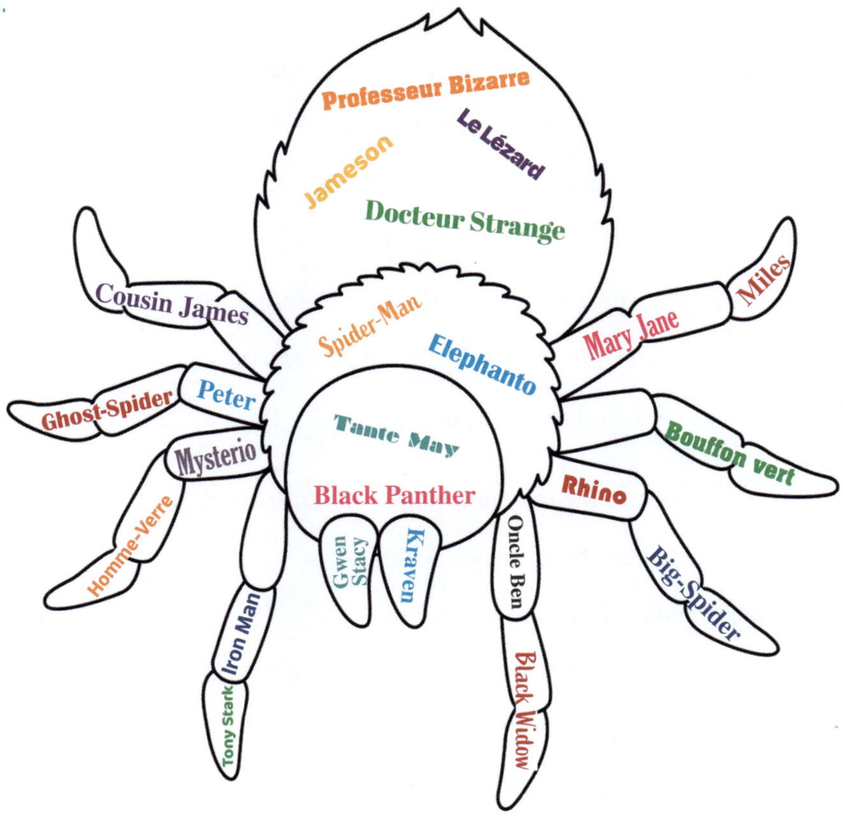

Français

49 Les conjonctions de coordination

- Les **conjonctions de coordination** servent à **relier** des mots ou des groupes de mots. Elles sont au nombre de six. On les utilise en fonction du sens donné à la phrase. Elles sont **invariables**.

- Les conjonctions de coordination sont :

– **mais** qui marque une **opposition** ;
*Exemple : Il est fatigué **mais** heureux.*
– **ou** qui marque un **choix** (à ne pas confondre avec le « où » avec accent) ;
*Exemple : Miles **ou** Spider-Man doivent agir.*
– **et** qui marque un **ajout** ;
*Exemple : Rhino **et** les animaux sèment la panique.*
– **or** qui lie deux phrases et marque une **contradiction** ;
*Exemple : Rhino pense être le plus fort. **Or**, ils ont un plan pour le battre.*
– **ni** qui marque l'**exclusion** ;
*Exemple : Ils ne savent pas s'il a des pouvoirs **ni** s'il est armé.*
– **car** qui marque la **cause**.
*Exemple : Ils ne savant pas quoi faire **car** les animaux s'enfuient.*

⚠ Le mot « donc » considéré auparavant comme une conjonction n'en est pas une. Il fonctionne comme un adverbe.

1 Entoure toutes les conjonctions de coordination parmi ces mots invariables.

toujours — jamais — mais — aussi — ni — parfois — et
dans — dessus — donc — ou — en — pour — car

2 Souligne les conjonctions de coordination et écris ce qu'elles marquent dans la phrase.

a. L'enclos est ouvert. Or, les pandas continuent de manger. → ……………………

b. Miles et Spider-Man se séparent pour régler le problème. → ……………………

c. Miles ne sait pas s'il doit rattraper les lions ou les tigres en premier. → ……………………

d. Les animaux ne savent pas où aller ni quelle direction prendre. → ……………………

e. C'est difficile pour Miles mais il réussit à rattraper toutes les bêtes. → ……………………

f. Il n'y a plus d'agitation car tout rentre dans l'ordre. → ……………………

3 Complète les phrases avec la bonne conjonction de coordination.

a. Miles a réussi …………… Spider-Man est en difficulté.

b. Il a mal …………… Rhino vient de l'envoyer au sol.

c. Miles …………… Spider-Man pensent à un plan d'action ensemble.

d. Il ne faudrait pas se blesser …………… se tuer.

e. Rhino doit bien avoir un …………… plusieurs points faibles.

f. Ils n'ont pas l'habitude de travailler en équipe. ……………, ils s'élancent ensemble.

Le périmètre et l'aire

- Le **périmètre** d'une figure est la **somme des longueurs de tous ses côtés** (le tour de la figure). On exprime le périmètre avec une **unité de mesure de longueur** (m, cm, mm, etc.).
Exemple : Le périmètre de la figure ABCDE est donc
AB + BC + CD + DE + EA = 2 + 1,8 + 1,5 + 1,4 + 1,6 = 8,3 cm

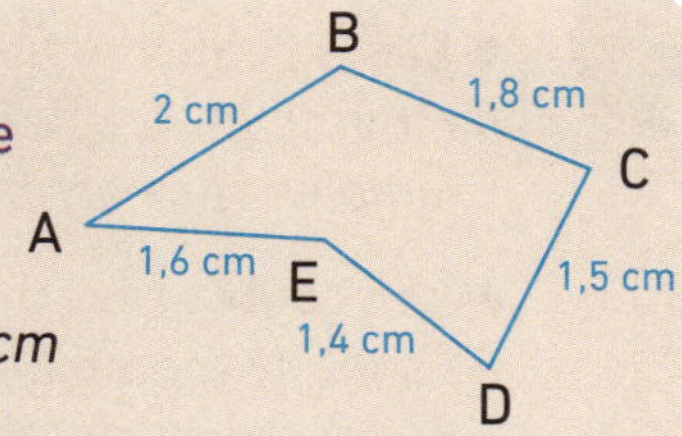

- L'**aire** d'une figure est sa **surface totale**.
Pour trouver l'aire, on doit déterminer une **unité**.
Exemple : L'unité est □.
La surface de la figure rouge est de 5 carreaux.
La surface rouge a donc une aire de 5 carreaux.
La surface bleue a une aire de 6 carreaux.
La surface bleue a une aire plus grande que la surface rouge.

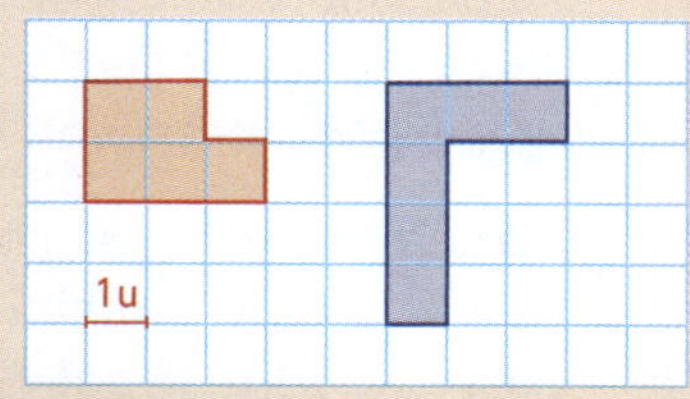

⚠ Des figures qui ont le même périmètre peuvent avoir une aire différente et inversement.

1 **Calcule le périmètre de chacune de ces figures (l'unité est le cm).**

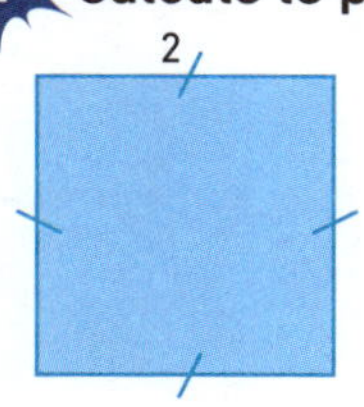

a. ……………………

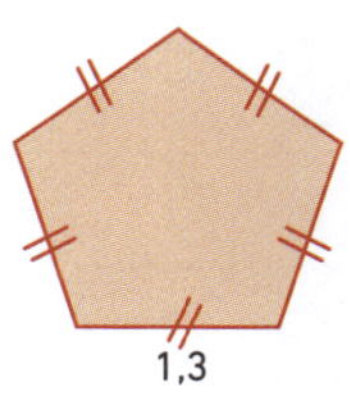

b. ……………………

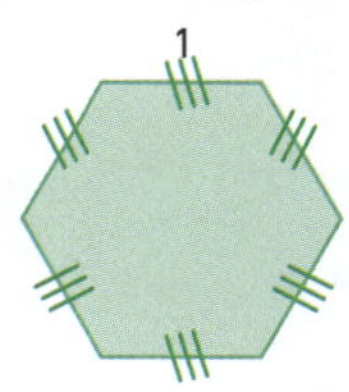

c. ……………………

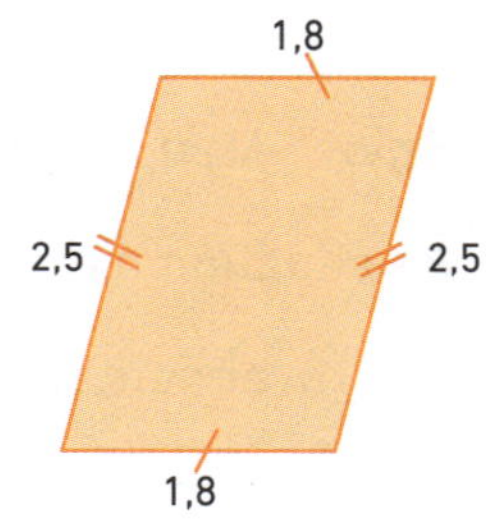

d. ……………………

2 **Indique l'aire de chaque figure et classe-les dans l'ordre décroissant.**

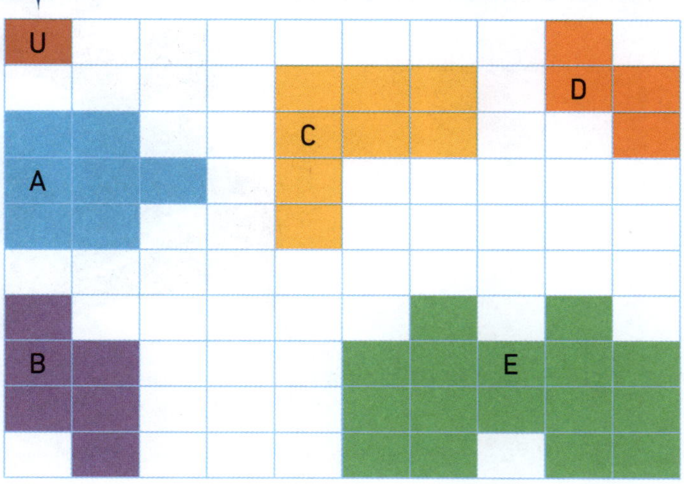

A = ……………………

B = ……………………

C = ……………………

D = ……………………

E = ……………………

Donc :

……… > ……… > ……… > ……… > ………

3 **Calcule et rédige une phrase pour indiquer le périmètre d'un rectangle de 7 cm de longueur et de 3 cm de largeur.**

……………………………………………………………………………………

……………………………………………………………………………………

Français

51 Les synonymes, les contraires et les homonymes

● Les **synonymes** sont des mots qui ont le même sens ou un sens voisin. Ils sont de même nature. Leur utilisation permet d'éviter les répétitions.
*Exemples : un horrible **méchant** / un horrible **vilain***

● Les **contraires**, aussi appelés antonymes, sont des mots de sens opposé.
Ils sont de même nature. Il y a deux sortes de contraires :
– des mots différents. *Exemple : **méchant** / **gentil***
– des mots formés à l'aide d'un préfixe comme in- ; il- ; ir- ; dé- ; des- ; mal-.
Exemples : possible / impossible, faire / défaire, heureux / malheureux

● Les **homonymes** sont des mots qui se prononcent de la même façon, mais qui peuvent s'écrire différemment et ont un sens différent. C'est le contexte qui indique de quel mot il s'agit. Ils peuvent être de nature différente.
*Exemples : Il y a plus de **cent** animaux. Il y perdu un peu de **sang**.*

1 Remplace les mots en gras par les synonymes proposés.

simple | malintentionné | affreux | paisible | vaillant

a. Spider-Man est vraiment **héroïque**. → ……………………………………

b. La situation n'est pas **facile** à gérer. → ……………………………………

c. Il est vraiment très **méchant**. → ……………………………………

d. Avec son armure, il est **hideux**. → ……………………………………

e. Grâce à Miles, la situation devient plus **calme**. → ……………………………………

2 Ajoute un préfixe sur le mot en gras pour former un mot de sens contraire.

a. Une douleur **supportable** → ……………………………………

b. Une stratégie **compréhensible** → ……………………………………

c. Un nombre **pair** d'animaux → ……………………………………

d. Ce comportement est **légal**. → ……………………………………

e. Il a **taché** sa tenue. → ……………………………………

3 Trouve un homonyme à chacun de ces mots et invente une phrase avec.

a. Faim : ……………………………………
……………………………………
……………………………………

b. Mois : ……………………………………
……………………………………
……………………………………

c. Voie : ……………………………………
……………………………………
……………………………………

d. Coque : ……………………………………
……………………………………
……………………………………

Les masses

- Pour **mesurer ou comparer** des masses, on utilise une **balance** dont l'unité de mesure principale est souvent le gramme (g).
- Pour **comparer ou calculer** des masses, il faut qu'elles soient dans la même unité. Il faut donc parfois les convertir.
- Pour faciliter la conversation, on utilise un tableau dans lequel on place :
– l'unité de mesure principale au centre, le **gramme (g)** ;
– les sous-multiples du gramme, plus petits que celui-ci, que l'on place à droite, avec **1 g = 10 dg = 100 cg = 1 000 mg** ;
– les multiples du gramme, plus grands que celui-ci, que l'on place à gauche, avec **1 kg = 10 hg = 100 dg = 1 000 g**.

Multiples du gramme			gramme g	Sous-multiples du gramme		
kilo-gramme kg	hecto-gramme hg	déca-gramme dag		déci-gramme dg	centi-gramme cg	milli-gramme mg
			1	0	0	0
1	0	0	0			

- **À noter :** il existe une autre unité de mesure, la tonne (t) qui équivaut à 1 000 kg.

1 Choisis la masse qui convient le mieux pour chaque animal.

a. Tigre : ▢ **2 t 800 kg** ▢ **280 kg** ▢ **2 800 g**
b. Girafe : ▢ **12 000 kg** ▢ **1 t 200 kg** ▢ **12 000 g**
c. Singe : ▢ **4 000 mg** ▢ **4 t** ▢ **40 kg**
d. Araignée : ▢ **70 g** ▢ **7 kg** ▢ **7 mg**

2 Complète avec l'unité de mesure adaptée : t, kg, g ou mg.

a. La masse d'une lettre simple est 20 ....
b. La masse d'un vélo est 15 ....
c. La masse d'une plume de perroquet est 5 ....
d. La masse d'un éléphant d'Asie est 4 ....

3 Complète avec < ou > ou =.

a. 40 000 mg .... 4 g
b. 45 dag .... 4 hg
c. 7 000 g .... 7 kg
d. 8 kg .... 800 g
e. 750 cg .... 76 dg
f. 630 dag .... 6 200 dg
g. 370 cg .... 3,7 g
h. 7 500 kg .... 7 t et 500 kg

4 Complète en convertissant ces mesures.

a. 12 dg = ... mg
b. 2 t = ... g
c. 8 000 kg = ... t
d. 750 cg = ... dg
e. 357 dg = ... dag .... dg
f. 9 652 t = ... t .... kg
g. 27 000 mg = ... g
h. 43 hg = ... kg .... hg

Français

53 Les familles de mots

- Les **familles de mots** peuvent être regroupées en **deux catégories :**
  – les familles de mots avec un **radical commun.** *Exemple : **dent**, **dent**iste, **dent**ier, **dent**ifrice*
  – les familles de mots avec un **radical de même origine**. *Exemple : **lait**, **lait**ier, **lact**é, **lait**age*
- Pour former des mots de la même famille, on peut parfois **ajouter des préfixes** devant le radical ou **des suffixes** après le radical. *Exemple : peindre, repeindre*
- Il y a des **familles de mots** très étendues qui comprennent un grand nombre d'éléments avec **des adjectifs, des noms, des verbes**.
  Exemple : la famille du mot « terre » → terrain, terrestre, terrien, atterrir, enterrer, etc.

1 Dans chaque liste, raye l'intrus.

a. compter – compteur – décompter – conte – comptabilité
b. vente – vendre – ventilateur – vendeur – revente
c. habitant – habitable – habit – habiter – habitation
d. nature – natation – naturel – dénaturer – surnaturel

2 Trouve un mot de la même famille que le mot en gras.

a. Dès lors, le duo se **reforme** pour être plus fort. → ....

b. Ils sont une **équipe**. → ....

c. Spider-Man **harponne** Rhino avec ses fils. → ....

d. Miles l'assomme. Rhino a perdu le **combat**. → ....

e. Le **monstre** ne pourra plus faire de mal. → ....

3 Ajoute un préfixe au mot en gras pour former des mots de la même famille.

a. Peter est en train de **coudre** son costume. → ....

b. Il pense que cette fois c'est **possible**. → ....

c. Il va **faire** des nœuds dans la toile. → ....

d. Cette rue semble **habitée**. → ....

4 Complète le tableau avec des mots de la même famille.

Verbe	Nom	Adjectif
....	....	actif
....	chaleur	....
....	....	habitable
grandir	....	....
....	blancheur	....
voir	....	....

Les contenances

● Pour **comparer ou calculer** des mesures de contenance, il faut qu'elles soient dans la même unité. Il faut donc parfois les convertir. L'unité principale de mesure des contenances est le litre (L).

● Pour faciliter la conversation, on utilise un tableau dans lequel on place :
– l'unité de mesure principale au centre, le **litre (L)** ;
– les sous-multiples du litre, plus petits que celui-ci, que l'on place à droite, avec **1 L = 10 dL = 100 cL = 1 000 mL** ;
– les multiples du litre, plus grands que celui-ci, que l'on place à gauche, avec **1 hL = 10 daL = 100 L**.

Multiples du litre		litre L	Sous-multiples du litre		
hectolitre hL	décalitre daL		décilitre dL	centilitre cL	millilitre mL
		1	0	0	0
1	0	0			

● **À noter :** il existe deux autres unités de mesure de contenance : le décimètre-cube (dm^3) et le mètre-cube (m^3). Un cube de 10 cm (1 dm) d'arrête contient 1 L donc : 1 dm^3 = 1 L et 1 m^3 = 1 000 L.

1 Choisis la mesure qui convient.

a. Une bouteille d'eau contient : ☐ **1 L et 50 cL** ☐ **15 L** ☐ **150 L**
b. Un réservoir d'essence de voiture contient : ☐ **400 L** ☐ **40 L** ☐ **4 L**
c. Un verre de jus de fruits contient : ☐ **250 mL** ☐ **250 L** ☐ **250 dL**
d. Une cannette de soda contient : ☐ **33 L** ☐ **33 cL** ☐ **33 mL**

2 Complète les égalités.

a. 3 hL 500 dL = ... dL
b. 12 daL = ... hL et .... daL
c. 372 L = ... hL .... dL
d. 935 mL = ... dL .... cL .... mL
e. 500 cL = ... L
f. 1 250 mL = ... dL cL

3 Problème : Peter a aidé Tante May à faire le ménage. Il a utilisé 40 L d'eau pour la machine à laver, 5 L d'eau pour laver les sols, 25 dL pour laver les vitres, puis 7 L et 60 dL pour nettoyer son vélo. Combien a-t-il utilisé de litres et de décilitres d'eau pour tout ce travail ?

....

....

....

....

....

Français
55 Les champs lexicaux

- Le **champ lexical** désigne un **ensemble de mots** qui se rapportent à un **même thème**. Il ne faut pas confondre champ lexical et mots de la même famille. Tous les mots d'une même famille appartiennent au même champ lexical, mais **tous les mots d'un champ lexical n'appartiennent pas à la même famille**.
Exemple : lait, laitage, laitier, laiterie, lacté → mots de la ***même famille*** *qui appartiennent au* ***champ lexical du lait****.*
Dans ce champ lexical, on trouve aussi des mots qui ne font pas partie de la même famille de mots, comme : vache, crème, chèvre, brebis, beurre, yaourt, etc.

- Les mots d'un champ lexical peuvent être de **natures différentes**.

- Le champ lexical permet de **donner du sens à la lecture** globale. Il permet de **comprendre le thème** et l'**atmosphère** d'un texte. Grâce au champ lexical, on peut **enrichir un texte** et **éviter les répétitions**.

1 **Classe dans le tableau les mots par champ lexical et trouve un nom à chaque champ.**

feuille   four   rôtir   pommier   trancher   cuire   sève   branche   gâteau   bois

Champ lexical 1 :	**Champ lexical 2 :** ....
....	....
....	....
....	....
....	....
....	....

2 **Trouve le champ lexical de chaque liste.**

a. grimper, pédaler, tennis, saut, handball, ballon, raquette

→ ....

b. confiture, fraise, pommes, compote, jus, presser

→ ....

c. patin, pirouette, tourner, tomber, lames, agilité

→ ....

d. samba, rumba, tutu, pas, hip-hop, barre, porté

→ ....

3 **Souligne les mots qui appartiennent au champ lexical de la nourriture.**

Après ce combat incroyable, Peter a faim. Il décide d'inviter Miles à dîner. Il est heureux d'avoir eu un allié. En se déplaçant, ils sentent les odeurs du stand de hot-dogs. Mais ils ont décidé de goûter la cuisine italienne en mangeant de bonnes pizzas. Les nouveaux amis se régalent. Ce repas est parfait pour fêter leur nouvelle amitié. Ils ont bien mérité ce plat succulent !

L'heure et la durée

- Le temps qui s'écoule **entre le début et la fin d'un événement** est sa **durée**.
Il existe de nombreuses unités de mesure de durée :

1 millénaire = 1 000 ans	1 mois = 28, 29, 30 ou 31 jours
1 siècle = 100 ans	1 semaine = 7 jours
1 an = 365 (ou 366) jours	1 jour = 24 heures
1 semestre = 6 mois	1 heure = 60 minutes
1 trimestre = 3 mois	1 minute = 60 secondes

- Pour se repérer dans le temps, on utilise des outils comme la **frise chronologique**, le **calendrier**, une **horloge**, une **montre**, un **sablier**, un **minuteur**, un **chronomètre**.

- Pour **lire l'heure**, on se sert d'une horloge ou d'une montre. On lit l'heure grâce à la place des aiguilles : la **petite aiguille** indique les **heures** et la **grande** indique les **minutes**. Quand l'aiguille est sur le 3, c'est 15 minutes, on dit « et quart ». Quand elle est sur le 6, c'est 30 minutes, on dit « et demie ». Quand elle est sur le 9, c'est 45 minutes, on dit « moins le quart » en ajoutant une heure. *Exemple : 10 h 45 se lit 11 heures moins le quart.*

- De minuit à midi, on lit les heures de 0 à 12 h, puis de midi à minuit, on lit de 12 à 24 h.

1 **Place les aiguilles au bon endroit sur les différentes horloges.**

7 h 30 — 13 h 15 — 9 h 45 — Minuit — Six heures moins le quart

2 **Relie chaque opération au bon résultat.**

7 h 45 min + 2 h 37 min •	• 9 h 09 min
8 h 07 min + 1 h 02 min •	• 9 h 50 min
6 h 20 + 3 h 30 •	• 12 h
9 h 15 + 4 h 45 •	• 10 h 22 min
16 h 30 min – 4 h 30 min •	• 14 h

3 **Problème : Peter, Miles et Gwen vont voir un film de super-héros au cinéma. La séance commence à 19 h 30. Il y a 15 minutes de publicité au début et le film dure 1 h 47.**
À quelle heure se termine la séance ?

....

....

....

....

Ma lecture

Duo de choc

Alors que T'Challa, roi du Wakanda, également connu comme Black Panther, donne une conférence de presse sur la protection animale, un méchant s'invite. C'est Kraven le Chasseur qui compte ajouter Black Panther à son tableau de chasse. Accompagné de deux jaguars, il menace T'Challa.

Peter est également présent en tant que photographe. Son instinct de Spider-Man lui dit d'agir. Il enfile son costume et propose son aide à Black Panther. Cependant, il se retrouve vite en mauvaise posture et c'est Black Panther qui le sort de là. Kraven, lui, ne s'avoue pas vaincu et jette sa lance sur Spider-Man qui l'évite d'un bond. T'Challa, en spécialiste des fauves, propose à Spider-Man de se partager les rôles. Black Panther calme les jaguars pendant que Spider-Man règle son compte à Kraven. Quel beau duo !

1 Vrai ou faux. Coche la bonne réponse.

a. Peter est au cinéma. ▢ Vrai ▢ Faux

b. T'Challa est également Black Panther. ▢ Vrai ▢ Faux

c. Spider-Man sauve Black Panther. ▢ Vrai ▢ Faux

2 Souligne les extraits du texte qui te permettent de répondre à ces questions.

a. De quel pays T'Challa est-il le souverain ? ....

b. Quel est le thème de la conférence de presse ? ....

c. Qui accompagne Kraven le Chasseur ? ....

d. Quelle arme Kraven jette-t-il sur Spider-Man ? ....

3 Et toi, que penses-tu de la protection des animaux ? Que pouvons-nous faire selon toi ?

....

....

....

....

....

1 La ponctuation .... p. 4

1 Peter a perdu ses parents à l'âge de six ans. Pauvre garçon ! Heureusement, il a été élevé par son oncle et par sa tante comme leur propre fils.
Sa tante lui répète souvent :
« Je suis tellement fier de toi. Je t'aime.
– Moi aussi, Tante May, je t'aime ! lui répond Peter. Mais, il ne serait pas l'heure de manger ? »
Ce qui ne manque pas de faire rire Oncle Ben, à chaque fois.

2 a. Spiderman aime beaucoup manger : des pizzas, des hot-dogs, des donuts.
b. Tante May a préparé le gâteau préféré de Peter.
c. Peter tu es très en retard ! Dépêche-toi !
d. Mais aime-t-il les muffins ?

3 – Veux-tu aller te balader ?
– Non merci, il fait trop chaud !
– Mais non ! Allons à la piscine !

2 Lire et écrire des grands nombres entiers ... p. 5

1 a. 8 257 321 ; b. 2 536 980 ; c. 237 908 501 ; d. 3 560 410 200 ; e. 48 007 023 ; f. 41 111 127

1 a. 7 283 808 ; b. 72 423 508 ; c. 103 822 005

3 a. vingt-cinq-millions-trois-cent-quatre-vingt-neuf-mille-cent-vingt ; b. cent-millions-deux-cent-trois-mille-cinq-cent-cinquante-huit ; c. trente-trois-millions-deux-cent-cinq-mille-six-cent-cinquante-sept

4 a. 27 534 320 : 7 est le chiffre des unités de millions, 5 est le chiffre des centaines de mille.
b. 32 074 250 : 7 est le chiffre des dizaines de mille, 5 est le chiffre des dizaines d'unités.

3 Les formes et les types de phrases .... p. 6

1 Peter n'a pas d'amis. C'est un adolescent solitaire. Sa tante s'inquiète pour lui et lui répète souvent la même phrase : « Sors un peu plus ! ». Mais Peter préfère rester dans sa chambre pour étudier. Il ne sait pas trop comment se faire des amis.

2 Peter ne comprend pas tout de suite ce qu'il lui arrive. Il ne s'est jamais fait mordre par une araignée. Il ne se sent plus comme avant. Il n'en parle à personne. Mais il n'est ni fatigué, ni malade, bien au contraire, il est dans une forme incroyable et avec de nouveaux pouvoirs.

3 a. affirmative, déclarative ; b. affirmative, interrogative ; c. affirmative, négative ; d. affirmative, déclarative ; e. exclamative, impérative ; f. négative, exclamative et impérative

4 Décomposer et ranger les nombres entiers p. 7

1 a. (3 × 10 000 000) + (7 × 1 000 000) + (8 × 1 000) + (3 × 100) + (2 × 10) + 7
b. (9 × 10 000 000) + (2 × 100 000) + (3 × 10 000) + (7 × 1 000) + (5 × 100) + (4 × 10) + 8
c. 6 × 1 000 000) + (9 × 100 000) + (5 × 10 000) + (4 × 1 000) + (1 × 100) + (2 × 10)

2 a. 18 253 457 > 14 275 038 ; b. 327 208 457 < 327 504 958 ; c. 97 654 120 < 191 522 984 ; d. 69 999 952 < 70 000 000 ; e. 632 287 324 < 800 243 127 ; f. 7 566 303 > 7 566 293

3 2 437 805 – 2 500 327- 12 673 327 – 12 678 327 – 37 258 951 – 45 327 120

4 55 000 000 – 54 900 421 – 54 897 322 – 54 897 320 – 54 893 724 – 53 999 987

5 a. 9 857 000 < 9 857 230 < 9 858 000 ;
b. 35 000 000 < 35 000 231 < 35 001 000 ;
c. 99 231 000 < 99 231 804 < 99 232 000 ;
d. 77 444 000 < 77 444 333 < 77 445 000

5 Les déterminants .... p. 8

1 L' ; un ; une ; au ; du ; la ; Les

2 Son ; son ; ce ; sa ; Cette ; l' ; notre ; les

3 **Articles** : la, du ; **déterminants démonstratifs** : ces, cette ; **déterminants possessifs** : mon, nos

4 Désormais, tous les soirs, Peter enfilait son costume de super-héros. Il parcourait les rues de la ville à la recherche de ces bandits qui terrorisaient la population. Il testait ainsi ses pouvoirs et se sentait utile en aidant la police. Il voulait rendre hommage à sa famille, son oncle disparu et sa tante qui s'occupait seule de lui maintenant. Notre héros était prêt à sauver les gens.

6 Les multiples des nombres .... p. 9

1 a. Vrai ; b. Vrai ; c. Faux ; d. Faux ; e. Vrai

2 a. Les multiples de 2 : 46 – 132 – 560 – 9 898 ;
b. Les multiples de 5 : 125 – 300 – 8 505 – 9 000 ;
c. Les multiples de 9 : 36 – 54 – 882 – 22 905 ;
d. Les multiples de 10 : 5 000 – 2 650 – 98 770

3 a. **2** → 60 ou 62 ou 64 ou 66 ou 68 ; b. **3** → 30 ou 33 ou 36 ou 39 ; c. **5** → 90 ou 95 ou 70 ou 75 ; d. **6** → 12 ou 18 ou 24 ou 30 ; e. **9** → 18 ou 45 ou 63 ou 72 ; f. **10** → 20 ou 200 ou 50 ou 500
(Il peut y avoir d'autres multiples.)

7 Les noms .... p. 10

1 **Le musée :** un lieu ; **son oncle :** une personne ; **un lézard :** un animal ; **une voiture :** une chose ; **le venin :** une chose ; **le lycée :** un lieu

2 **Noms propres :** Spider-Man, Amérique, New York ; **noms communs :** araignée, voleur, hamburger

3 Spider-Man est un super-héros. Il est né aux États-Unis. Il a sauvé de nombreuses personnes en se battant contre les méchants. Il est connu dans le monde entier, de l'Asie à l'Europe en passant par l'Océanie et l'Afrique. C'est un personnage très populaire. Les gens lisent ses aventures depuis plusieurs générations.

8 Additionner et soustraire des nombres entiers p. 11

1 327 + 478 = **805** ; 587 – 236 = **351** ; 653 – 237 = **416**

2 1 689 + 565 + 232 = **2 486** ; 942 – 378 = **564**

3 850 – 627 = 223. Il manque 223 objets.

Ma lecture .... p. 12

1 a. Faux ; b. Vrai ; c. Faux

2 a. L'ennemi de Spider-Man se nomme Mysterio (ligne 6).
b. Le surnom de cet ennemi est le maître de l'illusion (ligne 7).
c. Le super pouvoir de Mysterio est la dissimulation (lignes 8-10).
d. Son costume est vert et violet (ligne 13).

3 Pas de réponse type.

9 L'adjectif qualificatif p. 13

1 a. combattre ; b. parc ; c. vite ; d. joliment

2 **gluante** ; **grands** ; **noire** ; **incroyable** ; **horrible** ; **petite** ; **sombre**

3 Spider-Man, en héros courageux, arrête le voleur meurtrier. Il appelle le commissariat voisin pour que les policiers justiciers le conduisent dans une petite cellule. Il sera ensuite jugé dans le grand tribunal de la ville pour l'effroyable meurtre et les nombreux vols.

4 a. attribut du sujet ; b. épithète ; c. épithète ; d. attribut du sujet

10 Multiplier les nombres entiers p. 14

1 a. 254 × 1 = **254** ; b. 42 × 2 = **84** ; c. 62 × 100 = **6 200** ; d. 42 × 200 = **8 400** ; e. 872 × 10 = **8 720** ; f. 757 × 0 = **0** ; g. 24 × 2 000 = **48 000** ; h. 34 × 2 = **68** ; i. 3 × 500 = **1 500**

2 a. 36 × 9 = **324** ; b. 567 × 54 = **30 618** ; c. 864 × 73 = **63 072**

11 Le groupe nominal p. 15

1 fabuleux (A) – qui pourrait sembler inimaginable (P) – timide (A) – solitaire (A) – de la ville (C) – de l'univers (C) – qui ne dorment jamais (P)

2 a. américaine ; b. perdant ; c. présidentiel ; d. policière

3 a. nocturnes : de la nuit ; b. matinales : du matin ; c. solitaire : de solitude ; d. héroïque : de héros ; e. courageux : de courage.

12 Les partages et les divisions p. 16

1 a. 8 fois, car 6 × 8 = 48 ; b. 5 fois, car 7 × 5 = 35 ; c. 9 fois, car 8 × 9 = 72 ; d. 11 fois, car 4 × 11 = 44

2 a. 79 = (9 × **8**) + **7** ; b. 46 = (5 × **9**) + **1** ; c. 31 = (4 × **7**) + **3** ; d. 67 = (6 × **11**) + **1** ; e. 64 = (6 × **10**) + **4** ; f. 71 = (8 × **8**) + **7** ; g. 51 = (9 × **5**) + **6** ; h. 25 = (2 × **12**) + **1** ; i. 57 = (7 × 8) + **1**

3 a. 26 = (3 × 8) + 2 donc 26 ÷ 3 = 8 et il reste 2 ;
b. 52 = (7 × 7) + 3 donc 52 ÷ 7 = 7 et il reste 3 ;
c. 93 = (10 × 9) + 3 donc 93 ÷ 10 = 9 et il reste 3 ;
d. 852 = (100 × 8) + 52 donc 852 ÷ 100 = 8 et il reste 52.

4 57 ÷ 8 = 7 reste 1. Miles pourra distribuer 7 vêtements à chacun.

13 Le verbe p. 17

1 a. Demain, Peter se **changera** en Spider-Man. ; b. Le mois dernier, les méchants se **méfiaient** de Spider-Man. ; c. Aujourd'hui les policiers **ont** moins de travail avec l'aide du héros.

2 a. fête ; b. parloir ; c. bouclier ; d. foudre

3 a. Peter ne sait pas **pêcher**. Tante May a un **pêcher** dans son jardin. ; b. Pour faire plaisir à sa tante Peter prépare le **dîner**. Sa tante lui demande à quelle heure ils pourront **dîner** ? ; c. Tante May ne **travaille** plus elle est à la retraite. Peter ne sait pas encore quel **travail** il fera plus tard. ; d. Il va **pouvoir** y réfléchir encore un peu. Mais son nouveau **pouvoir** change les choses. ; e. Tante May lui demande de se faire **conseiller** par le **conseiller** d'orientation du lycée. ; f. Pour le moment, Peter a envie de **goûter**. Tante May a préparé son **goûter** préféré.

14 La technique opératoire de la division p. 18

1 a. 856 ÷ 4 → 4 × 100 (400) < 856 < 4 × 1 000 (4 000). Le quotient aura 3 chiffres.
b. 537 ÷ 2 → 2 × 100 (200) < 537 < 2 × 1 000 (2 000). Le quotient aura 3 chiffres.
c. 468 ÷ 5 → 5 × 10 (50) < 468 < 5 × 100 (500). Le quotient aura 2 chiffres.
d. 398 ÷ 7 → 7 × 10 (70) < 398 < 7 × 100 (700). Le quotient aura 2 chiffres.

2 a. 735 ÷ 4 = **183, reste 3** ; b. 853 ÷ 6 = **142, reste 1** ; c. 265 ÷ 24 = **11, reste 1**

15 Les adverbes p. 19

1 **Adverbes de manière :** longuement, vraiment, mieux ; **adverbes de lieu :** là, dehors ; **adverbes de temps :** aujourd'hui, maintenant

2 Il faut barrer : vêtement – sifflement – enlèvement – éclaircissement – événement

3 Il y a plusieurs possibilités, voici des exemples.
a. rapidement ; b. pas ; c. hier – très ; d. vraiment ; e. demain ; f. aujourd'hui – près du

16 Les fractions simples (1) p. 20

1
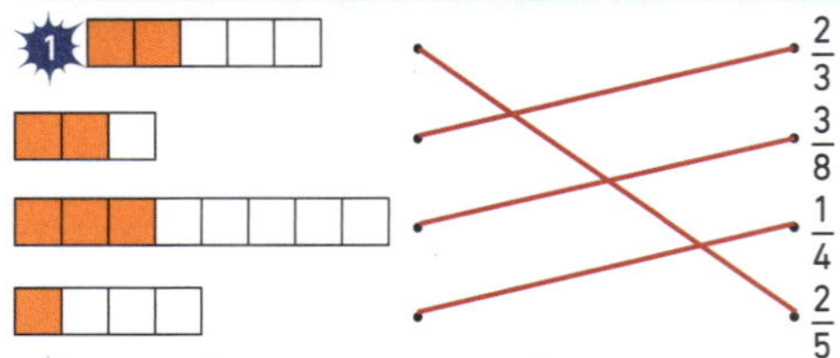

2 Il reste $\frac{1}{2}$ (un demi). Il reste $\frac{2}{3}$ (deux tiers).
Il reste $\frac{3}{4}$ (trois quarts). Il reste $\frac{7}{8}$ (sept huitièmes).

Spider-Jeux p. 21

Retour à la maison :

27	43	50	8	66	54	24	32	78	2
10	21	67	70	64	458	78	98	4	624
350	96	93	82	73	141	53	84	50	138
64	100	109	102	151	18	77	60	32	22
98	44	35	41	83	114	47	322	270	58
48	300	632	724	14	42	253	118	397	55
56	10	106	908	58	38	423	535	51	20

L'ordonnance du Docteur : « Tu peux contrôler tes rêves et ta peur. »

17 Le sujet p. 22

1 a. une terrible nouvelle ; b. Peter et Tante May ; c. Ils ; d. Le Lézard

2 L'homme vert **fait** la une de tous les journaux. Sa femme **témoigne** dans l'un d'eux. Elle **est** inquiète. Hier, des enfants l'**ont aperçu**. Heureusement ils **ont pu** s'enfuir. Les journalistes **parlent** d'une créature très violente. L'homme Lézard ne **serait** pas seul. La population **doit** rester vigilante.

3 a. Ils ont eu peur. ; b. Elle est inquiète ; c. Elles sont à sa recherche. ; d. Il a un plan. ; e. Ils l'accompagnent pour terrifier les gens. ; f. Il enfile sa tenue pour partir à sa recherche.

18 Les fractions simples (2) p. 23

1
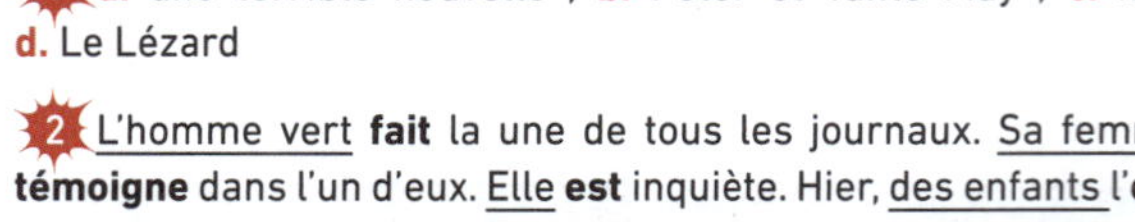

2 a. $\frac{6}{4} = \frac{4}{4} + \frac{2}{4} = 1 + \frac{2}{4}$; b. $\frac{9}{6} = \frac{6}{6} + \frac{3}{6} = 1 + \frac{3}{6}$; c. $\frac{5}{3} = \frac{3}{3} + \frac{2}{3} = 1 + \frac{2}{3}$;
d. $\frac{5}{2} = \frac{2}{2} + \frac{3}{2}$

3 $\frac{1}{3}$; $\frac{2}{3}$; $\frac{3}{3}$; $\frac{4}{3}$; $\frac{6}{3}$

4 $\frac{10}{4}$; $\frac{9}{4}$; $\frac{5}{4}$; $\frac{4}{4}$; $\frac{1}{4}$

5 **a.** $\frac{2}{3} < \frac{4}{3}$; **b.** $\frac{9}{5} > 1$; **c.** $1 + \frac{1}{4} = \frac{5}{4}$; **d.** $\frac{5}{8} > \frac{3}{8}$; **e.** $\frac{6}{6} = 1$; **f.** $\frac{2}{3} < 1$; **g.** $1 + \frac{2}{5} < \frac{8}{5}$; **h.** $\frac{8}{5} > \frac{6}{5}$; **i.** $\frac{7}{6} > 1$

19 Le groupe verbal .... p. 24

1 Pas de corrigé type. Il y a une multitude de possibilités.

2 Cette formule devait lui rendre son bras. ; Le professeur est devenu un gros méchant lézard. ; Sa femme ne reconnaît plus son mari. ; Spider-Man et la police doivent vite l'arrêter.

3 Le Lézard est un scientifique. Il est connu sous le nom du Docteur Connors. Il a voulu faire repousser son bras. Il a utilisé une formule à base de lézards. Cette potion permet aussi de devenir plus fort. Malheureusement, l'expérience a mal tourné pour lui. Le Lézard terrifie toute la ville. Spider-Man doit rapidement le retrouver. Il aperçoit enfin le méchant sur le mur du laboratoire.

20 Les fractions décimales .... p. 25

1 $\frac{5}{10}$; $\frac{23}{8}$; $\frac{351}{100}$; $\frac{88}{10}$; $\frac{10}{8}$; $\frac{9}{7}$; $\frac{100}{9}$; $\frac{5}{7}$; $\frac{3}{10}$; $\frac{25}{100}$.

2

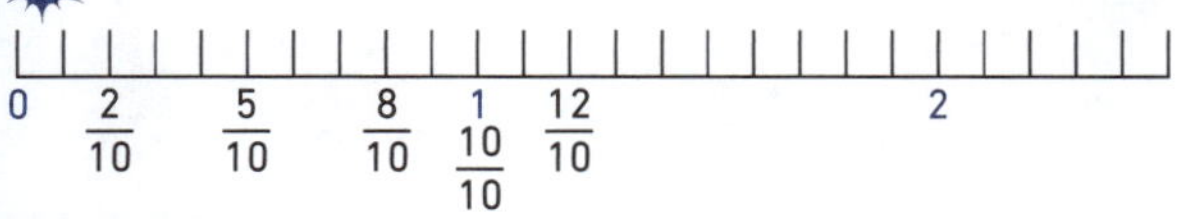

3 $A = \frac{4}{10}$; $B = \frac{6}{10}$; $C = \frac{13}{10}$; $D = \frac{20}{10}$; $E = \frac{22}{10}$; $F = \frac{25}{10}$

4 **a.** Trois dixièmes ; **b.** Vingt-quatre centièmes ; **c.** Trois-cent-cinquante centièmes

5 **a.** $\frac{30}{10}$; **b.** $\frac{80}{100}$; **c.** $\frac{27}{10}$

21 Les compléments d'objet .... p. 26

1 **a.** de l'aide ; **b.** Spider-Man ; **c.** toute la ville

2 **a.** Elle ne reconnaît plus son mari. → COD ; **b.** Elle a peur du Lézard. → COI ; **c.** Elle ne veut pas qu'il lui arrive quelque chose. → COD ; **d.** Elle parle à la presse. → COI ; **e.** Spider-Man explique aux policiers qu'il va s'en charger. → COI et COD

3 **lui** ; **eux** ; **lui** ; **lui** ; **lui**

22 Les nombres décimaux .... p. 27

1 **a.** $\frac{37}{10} = \frac{30}{10} + \frac{7}{10} = 3 + \frac{7}{10} = 3{,}7$; **b.** $\frac{251}{100} = \frac{200}{100} + \frac{51}{100} = 2{,}51$; **c.** $\frac{209}{10} = \frac{200}{10} + \frac{9}{10} = 20{,}9$

2 **a.** 5,2 ; **b.** 8,62 ; **c.** 52,31

3

5,4	$\frac{50}{10} + \frac{4}{10}$	$\frac{5\,427}{100}$
$\frac{5\,400}{100} + \frac{27}{100}$	54,27	$\frac{54}{10}$

4 **a.** 4,32 **<** 5,33 ; **b.** 7,25 **<** 8,25 ; **c.** 5,03 **<** 5,3 ; **d.** 9,87 **>** 9,86 ; **e.** 351,2 **>** 35,12 ; **f.** 7,9 **>** 6,99

5 **a.** **7** < 7,27 < **8** ; **b.** **12** < 12,32 < **13** ; **c.** **89** < 89,5 < **90** ; **d.** **99** < 99,75 < **100** ; **e.** **1** < 1,2 < **2**

23 Les compléments circonstanciels .... p. 28

1 **a.** Lieu ; **b.** Temps ; **c.** Manière ; **d.** Lieu ; **e.** Manière

2 Au lever du jour, Le Lézard a déjà fait beaucoup de dégâts. Les riverains voient passer avec stupeur des reptiles. Dans le centre, le chaos règne. Il exprime sa souffrance de façon colérique. Il ne contrôle plus ses émotions aujourd'hui.

3 Il y a plusieurs possibilités. **a.** Les nouvelles sont mauvaises, **ce matin.** ; **b.** **Dans New York**, un méchant rôde. ; **c.** Il instaure, **avec violence**, un climat de terreur. ; **d.** **Intérieurement**, il souffre.

24 L'addition et la soustraction des nombres décimaux p. 29

1 **a.** 27,4 + 2,5 = **29, 9** ; **b.** 32,8 + 3,3 = **36,1** ; **c.** 45,07 + 21,3 = **66,37** ; **d.** 95,7 + 27, 2 = **122,9** ; **e.** 125,25 + 125,25 = **250,5** ; **f.** 0,52 + 2, 07 = **2,59**

2 **a.** 58,57 + 24,70 = **83,27** ; **b.** 54,60 – 29,57 = **25,03** ; **c.** 27,03 + 32,09 = **59,12**

3 **a.** 158,3 + 282,22 = **440,52** ; **b.** 891,72 – 560, 5 = **331,22** ; **c.** 65,3 – 28,24 = **37,06**

4 523,5 – 357,42 = 166,02. Il lui reste 166,02 cm de tissu.

Ma lecture .... p. 30

1 **a.** Faux ; **b.** Vrai ; **c.** Faux

2 **a.** Le patron de Spider-Man se nomme Jameson (ligne 1). ; **b.** Il utilise un coup de pied magistral (ligne 4). ; **c.** Mysterio a pris l'identité de Peter Parker (ligne 6). ; **d.** Mysterio a pris son identité, car Peter est absent (lignes 8-10).

3 Pas de réponse type.

25 L'infinitif .... p. 31

1 **Verbes du 1er groupe :** danser, exagérer, voyager, partager ; **verbes du 2e groupe** : grandir, remplir, mincir, pâlir, bondir ; **verbes du 3e groupe** : vivre, écrire, aller, pouvoir, vouloir, entendre

1 **a.** voyager (1er groupe) ; **b.** réfléchir (2e groupe) ; **c.** bondir (2e groupe) ; **d.** aller (3e groupe) ; **e.** peindre (3e groupe)

3 Le lézard atterrit (attérir, 2e groupe) sur le mur d'un laboratoire. Spider-Man décide (décider, 1er groupe) de le suivre. Sur une table se trouve (trouver, 1er groupe) le remède pour sauver (1er groupe) le professeur. Spider-Man l'aperçoit (apercevoir, 3e groupe). De façon habile, il arrive (arriver, 1er groupe) à l'attraper.

26 La résolution de problème .... p. 32

1 **a.** Combien lui reste-t-il de kilomètres à parcourir ? → soustraction
b. Combien y-a -t-il d'élèves par classe ? → division

2

❼ Opérations	❽ Calculs	❾ Phrase Réponse
Additions et soustractions	8 525 + 7 347 + 2 839 = 18 711 19 500 – 18 711 = 789	Il y a 789 places invendues.

27 Le présent de l'indicatif .... p. 33

1 commencer : je commence, nous commençons ; bondir : je bondis, nous bondissons ; pouvoir : je peux, nous pouvons

2 **Vous** ; **Il** ; **Nous** ; **Ils** ; **elle**

3 **arrive** ; **attaquent** ; **tremblons** ; **tente** ; **finit** ; **tisse** ; **retiennent**

28 Les tableaux et les graphiques .... p. 34

1 **a.** 4 612 piétons ont traversé. **b.** Il y a eu le plus de motos le samedi. **c.** Il y 8 470 vélos sur les trois jours. **d.** 12 700 personnes ont traversé au total dimanche.

2 **a.** Il a arrêté 4 méchants. **b.** Il en a arrêté le plus le samedi. **c.** Il en a arrêté le moins le mercredi. **d.** Il a arrêté deux méchants de moins le dimanche.

29 Le futur de l'indicatif .... p. 35

1 <u>préparera</u> – <u>finiront</u> – <u>établirez</u> – <u>réuniras</u> – <u>agrandirez</u> – <u>visiterai</u>

2 **a.** vous jouerez ; **b.** je partirai ; **c.** ils / elles offriront ; **d.** il / elle / on recopiera ; **e.** ils / elles transformeront ; **f.** nous peindrons ; **g.** tu obéiras ; **h.** il / elle / on apprendra

3 **a.** je jouerai ; **b.** nous apprendrons ; **c.** ils mentiront ; **d.** il balayera ; **e.** vous réfléchirez ; **f.** tu franchiras.

4 **a.** Demain, Ghost-Spider atterrira sur l'immeuble. **b.** Nous nous inquiéterons pour lui. **c.** Vous prendrez soin de lui. **d.** J'admirerai son intelligence. **e.** Tu dormiras pendant qu'il combattra les crimes. **f.** Ils acclameront le héros.

30 Les situations de proportionnalité .... p. 36

1 **a.** Faux ; **b.** Vrai ; **c.** Faux ; **d.** Vrai

2

Nombre de roses	2	4	5	7	9	11
Prix (en €)	6	12	**15**	**21**	**27**	**33**

× 3

3

Nombre de personnes	5	**11**	**30**	**20**	**8**	**6**
Farine (en grammes)	250	550	1 500	1 000	400	300

÷ 50

4 **a.** Pour 2 kg : 3,5 × 2 = **7 €** ; pour 5 kg = 5 × 3,5 = **17,50 €** ; pour 4 kg : 4 × 3,50 = **14 €**.
b. On calcule : 24,50 ÷ 3,5 = 7. Finalement, il a pris 7 kg.

31 L'imparfait de l'indicatif .... p. 37

1 **a.** vous mangiez ; **b.** je vendais ; **c.** on apprenait

2 **a.** il / elle / on ; **b.** vous ; **c.** je / tu ; **d.** nous ; **e.** ils / elles ; **f.** je / tu.

3 **a.** tu dansais ; **b.** nous approchions ; **c.** vous étudiiez ; **d.** je mentais ; **e.** elle corrig**e**ait ; **f.** ils charg**e**aient.

4 **a.** Les hommes de la municipalité arrangeaient les dégâts.
b. La foule en délire acclamait le super-héros.
c. Nous pouvions dormir sur nos deux oreilles.

32 Se repérer et se déplacer dans l'espace .... p. 38

1

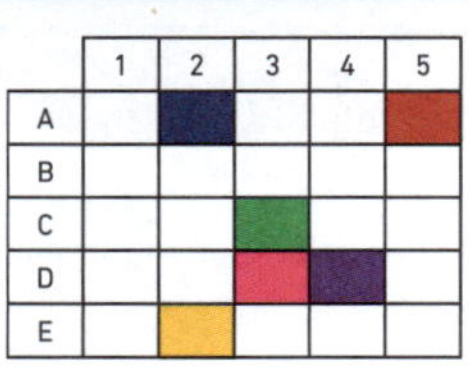

2

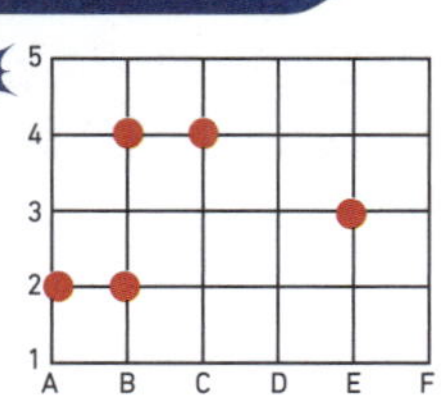

3 **a.** La mairie se trouve sur les cases D1, D2, E1 et E2.
b. On trouve un arbre en D5.
c. B3, C3, D3, E3, F3, F2

4

Spider-Jeux .... p. 39

La tête dans les pixels : il faut bien comparer avec le modèle pour voir si le dessin est correct.

Mots croisés : a. méchant ; **b.** police ; **c.** laboratoire ; **d.** araignée ; **1.** héros ; **2.** pouvoir ; **3.** toile ; **4.** sauveur ; **5.** costume

33 Le passé composé .... p. 40

1 Vous buvez → Vous avez bu ; Nous pensons → Nous avons pensé ; Il blanchit → Il a blanchi ; Ils vendent → Ils ont vendu

2 Le Lézard <u>s'est libéré</u> des fils de Spider-Man. La lutte <u>a été</u> terrible ! Le Lézard <u>est arrivé</u> sur lui à folle allure. Il <u>a essayé</u> de mordre le héros. Heureusement, Spider-Man <u>a versé</u> le remède rapidement. Il <u>a réussi</u>. Nous n'en <u>avons</u> jamais <u>douté</u> !

3 **a.** Le Lézard a avalé l'antidote. **b.** Il est redevenu petit à petit le professeur Connors. **c.** Nous n'en n'avons pas cru nos yeux ! **d.** Vous avez trouvé cela incroyable. **e.** Lui et sa femme ont remercié Spider-Man.

34 La symétrie axiales .... p. 41

1

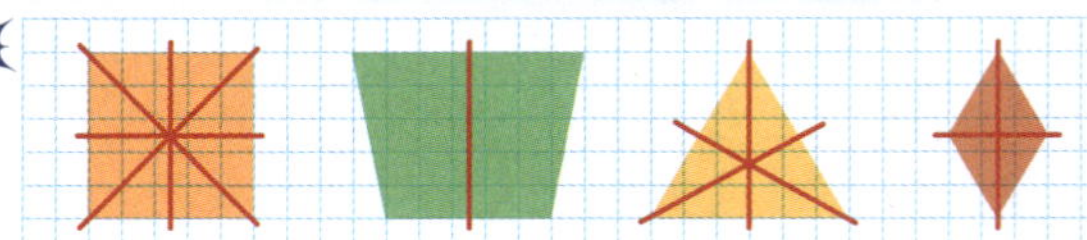

2 Il faut entourer les figures ①, ③ et ⑤.

3

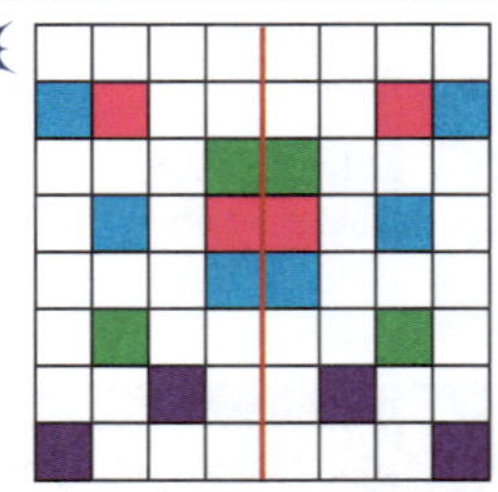

35 Les verbes *être* et *avoir* .... p. 42

1 tu seras ; j'ai ; nous sommes ; elles ont ; vous aurez ; il avait

2 **Vous** ; **Il** ou **Elle** ; **Tu** ; **Nous** ; **Ils**

3 La nuit <u>est</u> (être – présent) là. Peter et sa tante <u>sont</u> (être – présent) fatigués de leur journée. « Heureusement que nous <u>avons préparé</u> (préparer – passé composé) à manger ! » pense (penser – présent) Peter. Ils <u>seront</u> (être – futur) heureux de partager ce dîner. Tante May <u>avait</u> (avoir – imparfait) une tarte en train de cuire au four.

36 Les angles .... p. 43

1 A est **droit** ; B est **obtus** ; C est **droit** ; D est **plat** ; E est **aigu** ; F est **droit**.

2 A et D sont identiques. B et E sont identiques. C et F sont identiques.

3 Pas de corrigé type. Se reporter à la leçon.

4 **a.** Les angles sont aigus. **b.** Ils sont tous égaux.

37 Les accords dans le groupe nominal .... p. 44

1

	Singulier	Pluriel
Masculin	un héros courageux	des adolescents incroyables
Féminin	une ville sauvée	des familles rassurées

2 **a.** une policière élégante ; **b.** une vraie voleuse ; **c.** une méchante encombrante

3 **a.** des passants affolés ; **b.** des animaux effrayés ; **c.** des nouveaux personnages

4 Miles est un jeune adolescent (M ; S). Il se promène au zoo parmi les animaux incroyables (M ; P) : les girafes élancées (F ; P), les tigres féroces (M ; P), un loup et une louve gris (M ; P), etc. Avec son ami, ils repèrent une chose étrange (F ; S).

38 Les droites perpendiculaires et les droites parallèles p. 45

1 En rouge : b. et c. ; En bleu : a. et d.

2

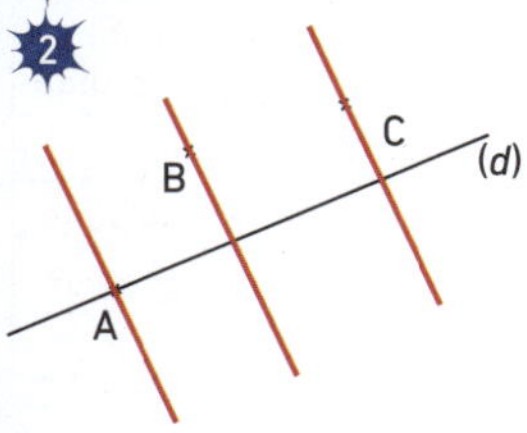

3

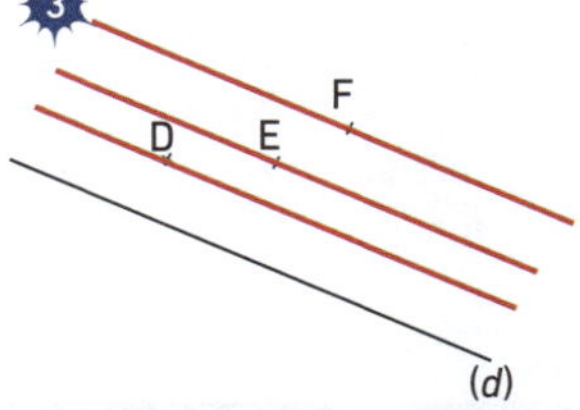

39 L'accord du verbe avec le sujet p. 46

1 Miles (Il) ; Lui et son meilleur ami (Ils) ; Ta famille et toi (Vous) ; Ma sœur et moi (Nous) ; les girafes (elles)

2 baladerez ; pourra ; aiment ; trouve ; seront

3 **Ils** ; **Les animaux** ; **Les tigresses** ; **Elles** ; **tu** ; **nous** ; **Je**

4 **sort** ; **porte** ; **as** ; **connaissez** ; **est** ; **fonce** ; **sont**

5 **a.** Faux ; **b.** Vrai ; **c.** Faux ; **d.** Vrai

40 Les polygones p. 47

1 **a.** Faux ; **b.** Faux ; **c.** Vrai

2

Figures	Nombre de sommets	Nombres de côtés	Nom
bleu	3	3	triangle isocèle
vert foncé	3	3	triangle isocèle
rose	4	4	carré
jaune	4	4	quadrilatère
rouge	3	3	triangle rectangle
vert clair	3	3	triangle isocèle
violet	3	3	triangle isocèle

3 Pas de corrigé type. Se reporter à la leçon.

Ma lecture p. 48

1 **a.** Faux ; **b.** Faux ; **c.** Vrai

2 **a.** Les spécialités de Docteur Strange sont les rêves et l'esprit humain (ligne 4) **b.** Il utilise l'œil d'Agamotto (ligne 11). **c.** Les cauchemars de Spider-Man sont dus à une énergie négative (lignes 11-12). **d.** Docteur Strange apprend à Spider-Man à contrôler ses rêves (ligne 14).

3 Pas de réponse type.

41 L'infinitif en *-er* et le participe passé en *-é* p.49

1 Ils se sont **précipités** vers la sortie pour **échapper** à Rhino. Trop tard ! Le féroce vilain essaie de les **attraper**. Spider-Man vient d'**arriver**. Il a **écouté** les cris pour **trouver** d'où venait le problème. Il a **décidé** de **défier** l'énorme brute. Il a **essayé** d'**attirer** son regard. La lutte est **compliquée**.

2 **a.** sauvés ; **b.** s'échapper ; **c.** enfilé ; **d.** utiliser

3 Rhino est **arrivé** au zoo. Il a **libéré** tous les animaux. Il a **effrayé** toutes ces bêtes pour **créer** un climat de panique. Il a **repéré** deux jeunes qu'il souhaite **attaquer**. Heureusement, Spider-Man vient d'**arriver** pour les **sauver**. Même si la tâche est **compliquée**, la lutte est **amorcée**.
Spider-Man n'a pas **hésité** une seule seconde. Pourtant, face à ce monstre féroce, il n'est pas **rassuré**. Ce n'est pas la première fois qu'il doit se **débrouiller** seul face à un méchant. Mais là, il aurait bien besoin de quelqu'un sur qui s'**appuyer**.

42 Les cercles p. 50

1 **a.** Faux ; **b.** Vrai ; **c.** Vrai ; **d.** Vrai ; **e.** Faux

2 **a.** Le segment [OC] est le **rayon** du cercle. **b.** Le point O est le **centre** du cercle. **c.** Si je trace [AB], j'obtiens le **diamètre** du cercle. **d.** Le rayon du cercle mesure **2 cm**.

3 Le cercle tracé peut être comparé au cercle de l'exercice 2 qui a lui aussi un rayon de 2 cm.

43 Les homophones grammaticaux : on/ont, as/a/à p. 51

1 Miles et son ami **ont** essayé de fuir. Mais Rhino **a** surgi si rapidement, qu'ils n'**ont** pas eu le temps de se cacher. Il **a** repéré les deux adolescents et fonce droit sur eux. Ils **ont** beau regarder autour d'eux, ils ne trouvent pas de solution de sortie. Spider-Man **a** débarqué de nulle part. Ils **ont** une chance incroyable. Ils **ont eu** chaud.

2 **a** ; **à** ; **a** ; **a** ; **à** ; **a** ; **a** ; **a** ; **a** ; **à**

3 **ont** ; **ont** ; **On** ; **On** ; **ont** ; **On** ; **On** ; **ont**

44 Reproduire et construire des figures p. 52

1 Se reporter au modèle de l'exercice.

2 **1.** Trace un segment [AB] de 2 cm. **2.** Trace un cercle de rayon [AB]. **3.** Trace un segment [AC] perpendiculaire au segment [AB]. **4.** Trace le segment [BC].

3

Échelle : 1/2

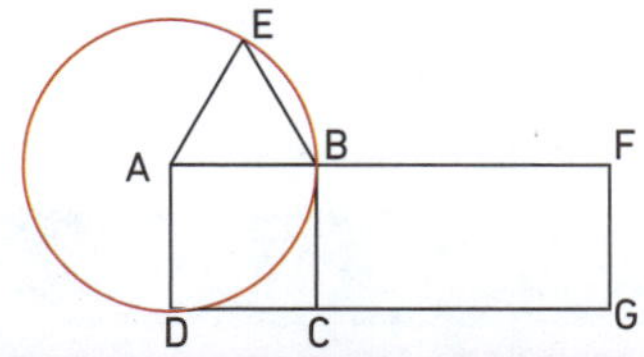

45 Les homophones grammaticaux : *es/est/et, sont/son* p. 53

1 Miles **est** un Spider -Man noir et rouge. Il **est** semblable à notre Spider-Man. Ensemble, ils **sont** bien décidés à battre Rhino. Ils **sont** tout de même pris de court par sa force monumentale. Spider-Man **est** dépassé.

2 **Son** costume de Spider-Man **est** noir et rouge. Il **est** dans **son** sac. Le costume et le masque **sont** en matière spéciale. Ils **sont** faits pour être plus résistants. Il **est** important d'être bien protégé. **Son** avenir **est** lié à la solidité de **son** habit pour combattre les méchants dans les meilleures conditions.

3 **sont** ; **sont** ; **sont** ; **et** ; **sont** ; **son** ; **est**

46 Les solides p. 54

1

	A	B	C	D
Carrées	2	1	6	
Rectangulaires	4			8
Triangulaires		4		
Hexagonales				2

2 Les patrons de pavé sont : A, B et D.

47 Utiliser le dictionnaire p. 55

1 **a.** aigle – babouin – girafe – **lion** – loup – rhinocéros – tigre
b. donuts – hamburger – hot-dogs – muffin – pancake – **pizza** – wrap
c. courage – facilité – fierté – **force** – fortune – fougue – franchise

Corrigés

2 **a.** Il faut barrer « institutrice ». **b.** Il faut barrer « championnat ».

3 **a.** nom masculin. **b.** Il s'est conduit en héros en sauvant plusieurs personnes de la noyade. **c.** héroïne **d.** Il se range avant.

48 Les longueurs p. 56

1 **a.** Le segment le plus petit est **D**. **b.** Le segment le plus grand est **B**. **c.** Les segments identiques sont **A et G**.

2 **a.** 72 dam = **720 m** ; **b.** 7 5hm = **75 000 dm** ; **c.** 5 km = **5 000 m** ; **d.** 4 750 cm = **4,75 dam** ; **e.** 36 m = **3 600 cm** ; **f.** 25dm = **2,5 m** ; **g.** 3 km et 5 m = **30,05 hm** ; **h.** 87 000 m = **87 km**

3 **a.** 5 km **>** 5 hm ; **b.** 300 mm **=** 3 dm ; **c.** 36 hm **<** 3 700 m ; **d.** 820 m **>** 8 dam et 2 m ; **e.** 45 m **>** 420 cm ; **f.** 43 hm et 72 dm **>** 4 372 dm ; **g.** 36 dm **=** 360 cm ; **h.** 220 km **>** 2 200 m

Spider-Jeux p. 57

Les mots cachés :

L'araignée : les intrus sont Professeur Bizarre, Big-Spider, Cousin James et Homme-Verre.

L	K	Y	T	O	I	L	E	N	Z	S
C	A	F	A	R	A	I	G	N	E	E
O	M	B	J	I	S	H	H	Z	N	Q
S	E	J	O	I	R	M	E	M	D	U
T	C	S	R	R	S	L	R	X	P	V
U	H	A	Q	H	A	O	O	P	W	C
M	A	U	U	O	M	T	S	O	P	Q
E	N	V	D	H	M	M	O	L	O	L
U	T	E	P	O	U	V	O	I	R	T
J	Y	U	X	L	Z	B	D	C	R	C
U	K	R	Y	C	L	K	U	E	O	E

49 Les conjonctions de coordination p. 58

1 Il faut entourer : mais, ni, et, ou, car.

2 **a.** Or → contradiction ; **b.** et → ajout ; **c.** ou → choix ; **d.** ni → exclusion ; **e.** mais → opposition ; **f.** car → cause

3 **a.** mais ; **b.** car ; **c.** et ; **d.** ni / ou ; **e.** ou ; **f.** Or

50 Le périmètre et l'aire p. 59

1 **a.** 2 + 2 + 2 + 2 = 4 × 2 = **8 cm** ; **b.** 1,3 + 1,3 + 1,3 + 1,3 + 1,3 = 5 × 1,3 = **6,5 cm** ; **c.** 1 + 1 + 1 + 1 + 1 + 1 = 6 × 1 = **6 cm** ; **d.** 2,5 + 1,8 + 2,5 + 1,8 = **8,6 cm**

2 A = **7 U** ; B = **6 U** ; C = **8 U** ; D = **4 U** ; E = **16 U**, donc E > C > A > B > D

3 Le périmètre sera de 20 cm, car 2 × 7 = 14 et 2 × 3 = 6, puis 14 + 6 = 20 (ou 7 + 7 + 3 + 3 = 20).

51 Les synonymes, les contraires et les homonymes p. 60

1 **a.** vaillant ; **b.** simple ; **c.** malintentionné ; **d.** affreux ; **e.** paisible

2 **a.** **in**supportable ; **b.** **in**compréhensible ; **c.** **im**pair ; **d.** **il**légal ; **e.** **dé**taché.

3 **a.** « fin », ex. : C'est la fin de l'histoire. ; **b.** « moi », ex. : Moi aussi je suis courageuse. ; **c.** « voix », ex. : Il a une très belle voix. ; **d.** « coq », ex. : Le coq m'a réveillé ce matin.

52 Les masses p. 61

1 **a.** 280 kg ; **b.** 1 t 200 kg ; **c.** 40 kg ; **d.** 70 g

2 **a.** g ; **b.** kg ; **c.** mg ; **d.** t

3 **a.** 40 000 mg **>** 4g ; **b.** 45 dag **>** 4 hg ; **c.** 7 000 g **=** 7 kg ; **d.** 8 kg **>** 800 g ; **e.** 750 cg **<** 76 dg ; **f.** 630 dag **>** 6 200 dg ; **g.** 370 cg **=** 3,7g ; **h.** 7 500 kg **=** 7 t et 500 kg

4 **a.** 12 dg = **1 200** mg ; **b.** 2 t = **2 000 000** g ; **c.** 8000 kg = **8** t ; **d.** 750 cg = **75** dg ; **e.** 357 dg = **3** dag **57** dg ; **f.** 9 652 t = **9** t **652** kg ; **g.** 27 000 mg = **27** g ; **h.** 43 hg = **4** kg **3** hg

53 Les familles de mots p. 62

1 **a.** conte ; **b.** ventilateur ; **c.** habit ; **d.** natation

2 Plusieurs réponses possibles. Voici des exemples.
a. formation, former ; **b.** équipement, équiper, équipier ; **c.** harpon ; **d.** combattre, combattant ; **e.** monstrueux...

3 **a.** **dé**coudre ; **b.** **im**possible ; **c.** **dé**faire ; **d.** **in**habitée

4

Verbe	Nom	Adjectif
activer	**activité / action**	actif
chauffer	chaleur	**chaud / chaude**
habiter	**habitant / habitante / habitat**	habitable
grandir	**agrandissement / grandeur**	**grand / grande**
blanchir	blancheur	**blanc / blanche**
voir	**vue / vision**	**visible**

54 Les contenances p. 63

1 **a.** 1 L et 50 cL ; **b.** 40 L ; **c.** 250 mL ; **d.** 33 cL

2 **a.** 3 hL 500 dL = **3 500** dL ; **b.** 12 daL = **1** hL **2** daL ; **c.** 372 L = **3** hL **720** dL ; **d.** 935 mL = **9** dL **3** cL **5** mL ; **e.** 500 cL = **5** L ; **f.** 1 250 mL= **12** dL **5** cL

3 40 L = 400 dL ; 5 L = 50 dL ; 7L = 70 dL,
donc 400 + 50 + 25 + 70 + 60 = 605 dL ou 60 L et 5 dL.
Peter a utilisé 60 L et 5 dL d'eau pour tout ce travail.

55 Les champs lexicaux p. 64

1 **Champ lexical 1 :** la cuisine → four, rôtir, trancher, cuire, gâteau
Champ lexical 2 : l'arbre → feuille, pommier, sève, banche, bois

2 **a.** sports ; **b.** fruits ; **c.** patinage ; **d.** danse

3 Après ce combat incroyable Peter a faim. Il décide d'inviter Miles à dîner. Il est heureux d'avoir eu un allié. En se déplaçant, ils sentent les odeurs du stand de hot-dogs. Mais ils ont décidé de goûter la cuisine italienne en mangeant de bonnes pizzas. Les nouveaux amis se régalent. Ce repas est parfait pour fêter leur nouvelle amitié. Ils ont bien mérité ce plat succulent !

56 L'heure et la durée p. 65

1

7 h 30 | 13 h 15 | 9 h 45 | Minuit | Six heures moins le quart

2 7 h 45 min + 2 h 37 min **=** 10 h 22 min ; 8 h 07 min + 1 h 02 min = 9 h 09 min ; 6 h 20 + 3 h 30 = 9 h 50 min ; 9 h 15 + 4 h 45 = 14 h ; 16 h 30 min – 4 h 30 min = 12 h

3 1 h et 47 + 15 min = 1 h et 62 min = 2 h et 2 min,
donc 19 h 30 min + 2 h 2 min = 21 h 32 min.
La séance se termine à 21 h 32.

Ma lecture p. 66

1 **a.** Faux ; **b.** Vrai ; **c.** Faux

2 **a.** T'Challa est le souverain du Wakanda (ligne 1). **b.** Le thème de la conférence de presse est la protection animale (ligne 2). **c.** Deux jaguars accompagnent Kraven (ligne 4). **d.** Kraven jette sa lance sur Spider-Man (ligne 10).

3 Pas de réponse type.